新时代中华传统文化知识丛书

中华地方特产

李燕　罗日明　主编

应急管理出版社
·北京·

图书在版编目（CIP）数据

中华地方特产／李燕，罗日明主编 . -- 北京：应急
管理出版社，2024

（新时代中华传统文化知识丛书）

ISBN 978 - 7 - 5237 - 0077 - 8

Ⅰ . ①中… Ⅱ . ①李… ②罗… Ⅲ . ①土特产品—中国
Ⅳ . ①F762.7

中国国家版本馆 CIP 数据核字（2023）第 234432 号

中华地方特产（新时代中华传统文化知识丛书）

主　　编	李　燕　罗日明	
责任编辑	郑　义	
封面设计	薛　芳	

出版发行　应急管理出版社（北京市朝阳区芍药居 35 号　100029）

电　　话　010 - 84657898（总编室）　010 - 84657880（读者服务部）

网　　址　www. cciph. com. cn

印　　刷　天津睿意佳彩印刷有限公司

经　　销　全国新华书店

开　　本　710mm×1000mm$^1/_{16}$　印张　$9^1/_2$　字数　100 千字

版　　次　2024 年 8 月第 1 版　2024 年 8 月第 1 次印刷

社内编号　20231296　　　　　　定价　39.80 元

　　特产是指具有地域性特征的、拥有文化内涵和历史的产品。广义的特产，不仅包含农林特产，也包括矿物产品、纺织品、工艺品等，例如泥人张彩塑、洛阳唐三彩等工艺品特产，全聚德烤鸭、台中凤梨酥等风味小吃特产，蜀锦、织锦等丝织品特产，巴林石、贺兰石、和田玉等矿物特产……

　　如果到外地去探亲访友，北京人一般会带上全聚德烤鸭，热情豪爽的东北人则会带上红肠、南京人往往会带上一只盐水鸭……各地独具特色的特产是一张张闪亮的名片，构成了我国多姿多彩的特产文化。

　　随着时代的发展，一些特产正在突破地域的限制，走向全国，乃至世界各地，但是它们所蕴含的地域文化和风土人情并没有发生改变。

　　中华地方特产是中国传统文化的一部分，我们每个人都应该了解我国的地方特产。基于此，我们编撰了这本《中华地方特产》。本书分为中国古代特产、东北地区特产、华北地区特产、华东地区特产、中南地区特产、西北地区特产、西南地区特产、港澳台地区特产8个章节，介绍了不同地区的特产及其历史和文化，以求让更多的人了解我国的地方特产和传统文化。

目 录

第一章

中国古代特产

一、中国古代特产的传播

所谓特产，指的是某地或者某国具有代表性的物产。决定物产成为特产有两个因素，一是商业活动的产生，二是商路的开辟。

特产具有一定文化和历史内涵，并且只在某地生产。广义上的特产不仅包括农林特产，也包括工艺品、纺织品、矿物产品等。总而言之，特产必须满足两个先决条件：一是具有地域性，二是品质优良。无论何种特产，与同类产品相比，都应是优质或是具有特色的。

中国地大物博，自古以来，各个地区都有独具特色的特产，有些特产一直传承至今。例如，东北地区的人参、貂皮、鹿茸等；华北地区的平遥牛肉、全聚德烤鸭、迁西板栗等；华东地区的上海绒绣、阜阳剪纸、景德镇瓷器等；中南地区的端砚、壮锦、黎锦等；西北地区的和田玉、蓝田玉器等；西南地区的普洱茶、茅台酒、蜀绣等；港澳台地区的元朗老婆饼、礼记饼家等。形形色色的地方特产构成了我国纷繁的特产文化。

丝绸之路对我国特产的输出起到了重要的作用。丝绸之路是世界上最古老的商路之一，在历史上也有"瓷器之路""玉石之路""香料之路"等别称。从这些名称中，我们不难发现，无论是丝绸还是瓷器、玉石等物品，都是中国古代输出的代表性商品，这些商品就属于特产。

丝绸之路上的商人

丝绸之路最初存在的意义就是将我国出产的丝绸运输至国外。汉朝时，我国是第一个生产丝绸的国家，丝绸也是当时我国最闪亮的一张名片。丝绸曾通过丝绸之路输出至古罗马，古罗马人在见到丝绸后连连赞叹，并赋予中国人一个称呼——赛利斯人，意为制造丝绸的人。

宋元时期，随着瓷器制造业的繁荣，瓷器逐渐取代丝绸成为出口的大宗商品。清朝时，茶叶又取代瓷器成为丝绸之路上向外输出的特产。

　　丝绸之路的开通，使得独具中国特色的物品源源不断地输送至外国。可以说，丝绸之路是东方与西方特产贸易的桥梁。

二、丝绸

丝绸是我国三大特产之一，是丝绸之路上的主要输出商品。自古以来，丝绸都被视为中华文明的象征，代表着中华灿烂悠久的历史文化。

关于丝绸的起源，流传着许多美丽的传说，最为著名的是黄帝元妃嫘祖创造蚕桑。远古时期，有一个叫西陵的部落，部落里的人夏穿树叶，冬披兽皮。为了改善大家的穿衣条件，首领之女嫘祖不断寻找新的制衣材料。一天，嫘祖发现桑树上的蚕吐出的丝既纤细又结实，于是便开始在家中养蚕缫丝。后来，嫘祖又从梭鱼中得到启示，发明了缠丝的工具——梭子，还将蚕丝织成了丝绸。

除了上面的传说，一些史料也做了一些记载。北宋刘恕《通鉴外记》记载："西陵氏之女嫘祖为帝元妃，始教民育蚕、治丝茧以供衣服……后世祀为先蚕。"南宋罗泌

《路史》记载："黄帝元妃西陵氏，曰嫘祖，以其始蚕，故又祀先蚕。"1958年，浙江吴兴县钱山漾新石器时代晚期遗址中出土了距今约4700余年的桑蚕丝线、丝带和平纹绢片。据考古学家考证，此墓葬遗址中出土的绢片为桑蚕丝。由此可知，早在新石器晚期，人们便已经掌握了养蚕缫丝的技术。

汉朝时期丝绸织造业蓬勃发展。刘邦一统天下后，西汉的经济得到了恢复和发展，皇室、官僚、贵族对丝绸需求的日益增大，促进了丝绸织造业的发展。汉代丝绸制造业发展之鼎盛，在历史典籍中多有记载。《汉书·张汤传》记载，富豪张安世家是开设织染作坊的，作坊中有工匠700多人。《后汉书·朱儁传》记载，东汉名将朱儁的母亲是以贩卖丝绸为生的，足见当时以丝织品进行商品买卖已变得较为普遍了。

汉武帝时期，张骞出使西域，开通了丝绸之路。丝绸作为我国的代表物产被送往西方国家。

唐宋时期是丝绸业的另一个重要发展时期。唐代由田

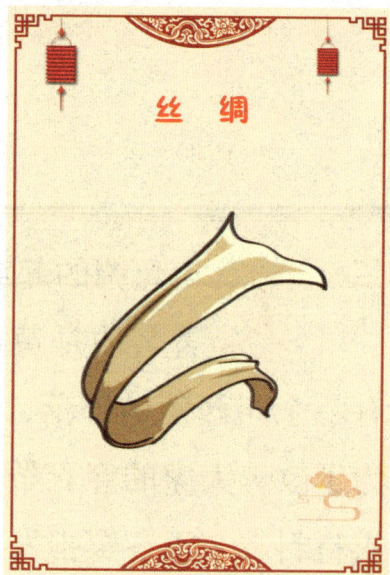

织染署全面负责管理丝绸的生产与加工，并在地方分设织锦坊，分管地方的丝绸生产。宋朝的官营丝绸作坊规模远远超过唐代。除官营的丝绸手工作坊外，在民间还有许多从事丝绸生产的家庭作坊。

明清时期，丝绸生产进一步发展。江南一带作为丝绸生产的中心，一度出现了"通城缎机以三万计，纱、绸、绒、绫不在此数"的盛况。清朝末年，随着近代民族工业的发展，出现了机器缫丝厂，丝绸生产渐趋机械化。

中国是世界丝绸的发源地，自古以来都被冠以"丝国"的名称。丝绸开启了人类历史上第一次东西方大规模的文化和商贸交流，它是中华文明的象征。时至今日，丝绸依旧是我国的标志性产品。

三、瓷器

瓷器堪称中国第五大发明，是古代三大特产之一，为我国赢得了"瓷器之国"的盛誉。瓷器是由陶器演变而来的，最早出现于商代中期。

瓷器的产生与制陶的发展是密不可分的。陶器早在新石器时期便已出现，考古学家在江西省万年县仙人洞遗址、湖南省道县玉蟾岩遗址、河北省徐水南庄头遗址先后发现了距今一万年左右的陶片。

陶器的发明是一项伟大的创举，历史典籍中有不少关于发明陶器的记载。《逸周书》记载："神农耕而作陶。"《吕氏春秋》记载："黄帝有陶正昆吾作陶。"《史记·五帝本纪》记载："舜耕历山，渔雷泽，陶河滨，作什器于寿丘。"

瓷器早在商代已经出现。20世纪50年代，考古学家在郑州二里岗商代早期的遗址中，发现了一批"青釉器"。

这些"青釉器"胎质细腻坚硬，胎色多呈灰白色，瓷化程度较好，吸水性较弱，具有瓷器的明显特征，因此也被人们称作"原始瓷器"。

两汉时期，我国瓷器由原始阶段发展到成熟阶段，出现了最早的成熟瓷器——青瓷。而且在两汉时期，"瓷"的古字已经出现。20世纪70年代，湖南长沙马王堆汉墓中出土了一批竹简，其中25根竹简上都有用隶书书写的"资"字，如"酱一资""盐一资"。考古学家根据墓中出土的容器分析，当时的长沙人将这种用高岭土作胎、利用较高温度烧制而成，并且表面伴有褐色或黄绿色彩釉的瓷器叫作"资"。"资"即瓷器的古称。

隋唐时期，瓷器逐渐发展为青瓷与白瓷两大类别，并形成"南青北白"的格局。瓷器上的装饰技艺也较为多样，有刻花、划花、印花、贴花等多种花纹装饰技巧。元代最为著名的瓷器是青花瓷，这种瓷器在明清时期依旧流行。

　　唐宋时期，我国的瓷器开始作为大宗商品出口，由
海上丝绸之路运送至东南亚及印度洋沿岸各国，而后再
转至北非和欧洲。因此，海上丝绸之路素有"陶瓷之路"
之称。

　　瓷器的英文与中国（China）一词的英文为同一个单
词，由此可以看出，瓷器在国际贸易和文化交流中的重要
性。每一件瓷器的诞生，都凝聚了先民的智慧和汗水，更
蕴含着珍贵的历史价值和艺术价值。汉唐以后，瓷器源
源不断地输出到各国，促进了我国与他国的经济和文化
交流。

四、茶

茶叶发源于蜀地。《华阳国志》记载："周武王伐纣，实得巴蜀之师……茶、蜜……皆纳贡之。"由此可知，早在西周初期，蜀地的茶叶已成为贡品。

中国作为茶的故乡，种茶饮茶的历史极为悠久。关于茶的历史，最早可追溯到上古的神农时期。陆羽《茶经》记载"茶之为饮，发乎神农氏""神农尝百草，日遇七十二毒，得茶而解之"。相传神农为了掌握各种草药的功效，亲尝百草，一日之内中了七十二次毒，最后偶然尝到了茶树的叶子，才得以解毒。虽然这只是一个传说，但是从中我们可以发现，早期的茶并不是用来饮用的，而是用来咀嚼的。

西周时期，茶叶已经被用于祭祀之中。据《周礼·掌茶》记载："掌茶，掌以时聚茶，以共丧事。""茶"为茶的古称，从这里的记载不难看出，西周时期茶叶已经成为祭祀中必不可少的物品。

秦汉时期，茶叶成为一种商品。我国最早关于饮茶、买茶、种茶的记载见于西汉宣帝时期辞赋家王褒写的《僮约》，其中有"脍鱼炮鳖，烹茶尽具""牵犬贩鹅，武阳买茶"等语句。王褒当时寓居蜀地，这些说明当时蜀地（今四川成都）不仅盛行饮茶，而且还出现了专门用于喝茶的器具。

唐朝是茶文化的兴盛时期，茶叶产区开始增多。唐朝开元年间，饮茶之风尤为盛行，民间出现"城市多开店铺，煎茶卖之，不问道俗，投钱取饮"的情况。而且，唐朝出现了我国第一位茶叶专家陆羽，他将种茶、制茶、饮茶的经验进行总结，撰写了世界上第一本茶叶专著——《茶经》。唐朝的饮茶方式与之前各朝粗放式饮茶相比，发生了质的变化。对此，北宋诗人梅尧臣称赞道："自从陆羽生人间，人间相学事新茶"。

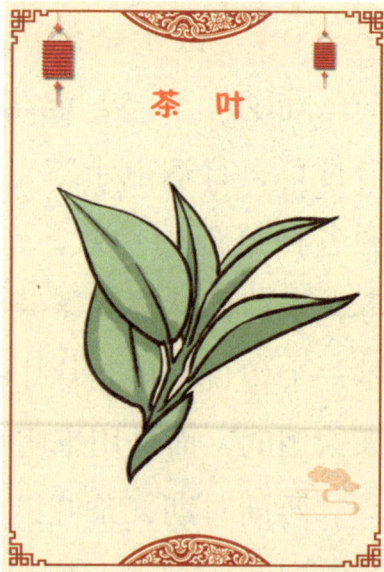

与唐朝相比，宋朝时期人们饮茶更注重趣味性，热衷于斗茶与分茶。明朝时期，我

国茶叶制作方法再次发生变革，由原来的制团茶改为制散茶。散茶无须蒸青，直接烘焙，最大限度地保留了茶的本色本味，茶水的味道更佳。明末清初，茶的饮用方法才演变为如今的瀹饮法，即以沸水直接冲泡。

古人对于茶的功效也有一定的认知。晋朝张华在《博物志》中写道："饮真茶令人少睡，故茶别称不夜侯，美其功也。"张华指出茶叶具有提神醒脑、解除睡意的功效。《神农食经》记载："茶（荼）茗久服，令人有力、悦志。"这说明，时常饮茶能使人精力充沛、心情愉悦。

南北朝时期，土耳其商人在我国西北边境以物易茶，这是我国最早的茶叶贸易。到了唐朝，中国茶叶通过海上和陆上丝绸之路输往西亚和中东地区，向东输往朝鲜、日本。明朝时，郑和率船队出使南亚、西亚和东非三十多个国家，把茶叶带到了这些地方。同时，波斯商人、欧洲传教士把中国茶叶传到了西方。

到了清代，我国的茶叶国际贸易十分繁荣。17世纪时，我国的茶叶销往俄罗斯。最初茶叶是被当作一种药物输出的。到19世纪，茶叶逐渐从药物变为家庭必需品。19世纪上半叶，饮茶已经成为俄罗斯人生活的一部分，他们愿意花钱享受饮茶的乐趣。当时，一个农民每天会喝三次茶，到了东正教的斋期禁酒之后，茶水更是俄罗斯人生活中最重要的饮料。作家阿·德·古斯丁在自己的书中写道："俄罗斯人，甚至是最贫穷的俄罗斯人，家里都有茶壶和铜制的茶炊。"

17 世纪，中国茶叶开始在英国贵族阶层中流行。18 世纪，英国的各个阶层都养成了饮茶的习惯，他们在茶水中加入牛奶和糖，形成了独特的口味。18 世纪 20 年代以后，茶叶取代丝绸成为中国出口英国商品的第一大商品。

19 世纪以前，中国作为唯一的茶叶生产国，是当时世界茶叶贸易的中心。中国的茶叶源源不断地输入到很多国家，中国各地区的茶叶品种和差别也渐渐被外国人熟悉。

如今茶叶成为中国一张最闪亮的名片，以其繁多的功能，成为广受大众喜爱的"世界饮料"。

第二章

东北地区特产

一、人 参

人参为我国东北地区的特产，属草本植物，素有"百草之王"的称号，与貂皮、鹿茸一起并称"东北三宝"。

人参自古以来就被冠以"灵丹妙药"的称号，在全世界都享有盛名。人参在我国的历史极为悠久，据《甲骨文合集》第六册中的记载，早在3500年前的殷商时期，已有"参"字的存在了。该字的字形是由茎、果、根构成的，很有可能是依据人参的真实形状创造出来的。

古代人参产地主要集中在山西省太行山和东北三省的长白山。南北朝陶弘景的《名医别录》中有这样的记载："人参生上党山谷及辽东。"其中上党指的山西，辽东指的则是辽宁南部。如今，人参的主要产地集中在东北吉林的长白山与敦化一带。

我国人参的种植史可追溯到两晋时期。《石勒别传》中载："初，勒家园中生人参，葩茂甚盛。"《晋书·石勒传》记载："勒居武乡北原山下，草木皆有铁骑之象。家园中生人参，花叶甚茂，悉成人状。"石勒为西晋时期的羯族（匈奴的一个分支）人，少时居住于上党武乡（今山西榆社北），以售卖人参为生。石勒将小参种在家园中，待其长大后挖出卖掉。从人参数量之多以至于能够满足石勒行贩来看，此时的人参已由野生采摘转为人工栽培。

唐宋以后，人参成为东北地区少数民族向中原地区朝贡的珍品。至清朝时期，人参的种植空前繁荣。清朝的建立者为生活在东北一带的女真族，自古便有食用人参的习惯。女真族之所以有长期食用人参的习惯，是因为看重它的药用价值。关于人参的药用价值，古代医学典籍中多有提及。例如，东汉名医张仲景在《伤寒杂病论》一书中写道：人参"主治心下痞坚，旁治不食呕吐等"，明朝著名医学家李时珍在《本草纲目》中称"人参治男妇一切虚症"。诸如发热、眩晕、头痛、

疟疾等病症，食用人参皆有疗效。李时珍还曾为人参写过一个神话类的怪谈，他说："参渐长成者，根如人形，有神，故谓之人参、神草。"可见，在李时珍的眼中，人参就是一种神药。

清军入关后，食用人参的习惯也被带入中原。为了保证中原地区的人参供应，顺治皇帝下旨在吉林一带设置"吉林打牲乌拉总管衙门"，在衙门中设立"参丁"一职，专门采挖人参。自此，人参便成为吉林打牲乌拉总管衙门进贡皇家最重要的贡品。乾隆年间，清廷还成立了"官参局"，来管理和控制人参贸易。

在清廷垄断人参贸易之前，人参只是作为一种价格低廉的普通药材，明朝年间一斤人参只要白银 1 钱 5 分，乾隆年间一斤人参价格已涨至 600 ～ 800 两白银，嘉庆年间一斤人参突破了 2000 两白银的大关。

时至今日，人参依旧是一种名贵的药材，并因其强身健体、延年益寿的药用价值，广受人们的青睐。

二、貂　皮

貂皮是东北三宝之一，素有"裘中之王"的称号，为东北地区的代表特产。貂皮自古以来就是皇室贵族的专用物品，它的御寒性能极好，古人多将其制成衣物或帽子。

貂皮自古以来便是东北地区的代表性产物，是东北地区重要的贡品。关于貂皮的确切起源已经无从考证，但《后汉书》《三国志》《魏书》等诸多史书中都有关于贡貂的记载。史家鱼豢在《三国志·乌丸鲜卑东夷传》中写道："出赤玉，好貂，今所谓挹娄貂是也。"这里的"挹娄"是古代肃慎族系聚居地，在今天黑龙江双鸭山市一带。由此可见，东汉时期，东北地区已经开始向中原输出貂皮了。

明朝之前，历史典籍中关于貂皮的记载甚少。直到明清时期，貂皮在典籍中才大量出现。这得益于明朝与女真族间建立起了貂皮的贸易关系。

明朝时，流行戴"暖耳"，而且其还被列入官服制度中。"暖耳"由貂皮制成，貂的体型很小，所谓"一貂之皮方不盈尺，积六十余貂仅成一裘"，再加之其出色的保暖性，因此价格昂贵。《北京岁华记》记载，冬至这天，民间"意买暖耳，市价踊贵"。《万历野获编》也记载，京师每到冬月寒冷时，皇帝便会赐给群臣貂皮暖耳。而当时宫中用的貂皮主要由女真人提供，制作"暖耳"就需要数万两白银。

貂皮真正开始在中原流行是从清代开始的。1644年，来自东北地区的女真人入主中原，他们把穿貂皮的风俗也带入了中原。《道咸以来朝野杂记》中记载："衣冠定制，寒暑更换，皆有次序。由隆冬貂衣起，凡黑风毛袍褂，如玄狐、海龙等，皆在期内应穿。由此换白风毛，如狐皮、猞猁、倭刀之类，再换羊灰鼠，再换灰鼠，再换银鼠，再换寒羊皮。皮衣至此而止。"

貂皮在清朝年间是最珍贵的贡品，因此往往只有皇室

才能穿戴。但是，有时皇帝为了笼络臣子或奖励功臣，会将貂皮赏赐给一些大臣。自康熙以后，每到冬至时节，皇帝都有赐貂的定例。例如康熙三十二年（1693年），康熙皇帝便御赐范承勋貂褂、貂帽；咸丰四年（1854年），咸丰皇帝也曾特赐曾国藩貂皮马褂。

　　如今，貂皮早已大规模生产，不再是皇室的专属。我国东北地区冬季寒冷且漫长，在没有羽绒服的年代，相比大棉袄，貂皮衣服是最好的御寒冬衣，因此东北人喜爱穿貂皮大衣。

三、鹿茸

鹿茸指的是雄性梅花鹿或者马鹿的尚未骨化的幼角。主要产于我国东北地区，是一种名贵的中药材，为东北三宝之一。

鹿茸主要出自雄性梅花鹿或者马鹿的尚未骨化的幼角。梅花鹿主产于吉林、辽宁、内蒙古一带，马鹿主产于黑龙江、吉林、青海等省区。采自东北梅花鹿幼角上的鹿茸名为"花鹿茸"，质量最优。因鹿茸的主要产地位于东北，所以名列"东北三宝"。

鹿茸自古以来就是一种名贵的药材。关于鹿茸的功效，最早见于秦汉时期的《神农本草经》一书。书中记载其"主漏下恶血，寒热惊痫，益气强志，生齿不老"。

李时珍在《本草纲目》中也提及鹿茸的药用功效："生精补髓，养血益阳，强筋健骨，治一切虚损、耳聋、目暗、眩晕、虚痢。"现代医学研究也证实鹿茸确实有增强免疫力、延缓衰老、抗肿瘤等功效。

　　清朝时，王公贵族尤为钟爱鹿茸。乾隆皇帝"不可一日不服"的药方——"龟龄集"中就有鹿茸，另一个延寿药方"健脾滋肾壮元方"中，鹿茸也作为主药。乾隆皇帝作为历史上最长寿的皇帝，与其长期服用鹿茸有一定的关系。在慈禧太后专享的长寿药方"培元益寿膏"中，鹿茸也是较为重要的一味药材。

　　鹿茸必须要在雄鹿的幼角还未长成硬骨时进行采收，这样的鹿茸药用价值是最大的。采收鹿茸通常是从第三年的梅花鹿或马鹿开始锯茸，每年可采收两次。首次采收的鹿茸称"头茬茸"，在清明节后 45~50 天开始采收；等到了立秋前后，还可以再收一次，二次采收的茸称"二茬茸"。无论是头茬茸还是二茬茸，都是很好的药材。

鹿茸

　　有人可能会觉得"锯茸"有些过于残忍，实际上，采收鹿茸和人类修剪指甲是一样的，鹿茸被锯掉后，过不了多久，还会再长出新的。

　　过去，到了采收鹿茸的时节，人们会将鹿赶到一个特

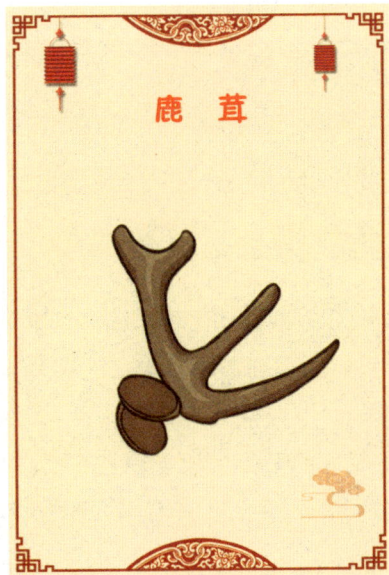

制的木屋中。鹿进入木屋后，它的头就会被卡住。待鹿被控制后，采收的人会很快将鹿茸锯下，然后在伤口处涂抹上七厘散，包扎好后，再将鹿放回鹿舍。

由于目前我国野生的梅花鹿已属于濒危动物，所以，人工养殖鹿已成为特色产业。我国现在所用的鹿茸就出自于人工养殖的鹿。如今鹿茸已被广泛应用于营养保健和医疗领域，因此养鹿业也蓬勃发展。

四、哈尔滨红肠

哈尔滨红肠也称"红肠"，因颜色火红而得名。红肠的原产地为俄罗斯、立陶宛等国，后来随着中东铁路的修建才传入我国，成为东北多地的特产，其中以哈尔滨红肠最为著名。

中东铁路修建后，大量欧洲移民来到哈尔滨，哈尔滨逐渐繁荣起来。

1913 年，英国商人马前氏在哈尔滨投资建厂，建立了当时最大的畜产品加工企业——滨江物产英国进出口有限公司，主要经营畜禽屠宰和肉类加工。

公司引进了俄罗斯技师爱金宾斯的红肠加工技术，建成灌肠厂房，生产出哈尔滨第一根红肠。在那个战火纷飞的年代，滨江物产英国进出口有限公司虽然几经易主，但是从未停止发展。1941 年曾由日本人接手经营，1945 年又由苏联红军接管，1947 年正式收归国有，曾是解放战争

和抗美援朝的军需食品生产基地。1958 年，正式更名为
"哈尔滨肉类联合加工厂"，也就是今天为大众所熟知的
"哈肉联"。

哈尔滨红肠之所以受欢迎，
在于其独特的风味。哈尔滨红肠
是以果木熏烤制成的，因此红肠
有淡淡的果木香气。除了果木香
外，红肠中还伴有肥肉香和独有
的蒜香，三香集于一身，造就了
哈尔滨红肠独特的风味。

一根小小红肠的诞生，可并
不容易，要经过腌制、制馅、灌
制、烘烤、煮制、烟熏等多道工
序才能制成。红肠采用优质猪肉作为原料，肠衣选用猪小
肠，加入淀粉和调味料，经过一系列的工序，便可制成。

成品的哈尔滨红肠，表皮有光泽且起皱，有烟熏的香
味，味美质干，肥而不腻，味道上乘。哈尔滨红肠的营养
价值也高，其中蕴含丰富的蛋白质，是酒宴上必不可少的
特色美食。

现如今，哈尔滨红肠已成为哈尔滨的代表特产，是这
座城市的一张闪亮名片。

五、老龙口白酒

老龙口白酒是辽宁省沈阳市特产，产地位于长白山余脉与辽河冲积平原的过渡地带。老龙口白酒创始于清朝康熙元年（1662年），酿造历史悠久。

康熙元年（1662年），一位名叫孟子敬的晋商来到了盛京（今沈阳），在盛京小东门外开设了"老龙口"酿酒作坊，取名为"义隆泉"烧锅。乾隆十七年（1752年），更名为"德龙泉"烧锅。同治十年（1871年），再次更名为"万隆泉"烧锅。"老龙口"的名字是改革开放后才正式启用的。

起初，老龙口白酒以"浓头酱尾、绵甜醇厚"名扬盛京。康熙四十五年（1706年），康熙皇帝回盛京祭祀祖先时，曾品尝此酒，对其大加赞赏，并用它祭拜了列祖列宗，还亲自为孟子敬的酿酒作坊题写"义隆泉酒楼"五个大字。

此后，老龙口白酒作为贡酒向皇家贡奉，康熙、乾隆、嘉庆、道光四位皇帝东巡盛京时用它作御酒。清廷对外征战时，士兵饮用的壮行酒，也用老龙口白酒，此酒因此拥有"飞觞曾鼓八旗勇"的威名。

如今，老龙口白酒依旧享有盛名，关键在于其传承300多年的"三宝"，即古井、窖池和工艺。

在距离酿酒作坊的不远处，有一口甜水井，名为"龙潭水"，蒸酒所用之水正是来自于这口井。《奉天商务总会卷宗》中载："具禀呈内治门外万隆泉，……旁有甜水井一面，每日蒸食饮均赖此井。"

老龙口白酒的窖池素有"关东第一窖"之称，是我国东北地区建造最早、规模最大、保存最完整的一处窖池。窖池经过几百年的沉淀，富含种类繁多的微生物，因此造就了老龙口白酒"浓头酱尾、绵甜醇厚"的独特风格。

老龙口白酒使用了传统的酿造技艺——蒸馏酒酿造。蒸馏酒古时称"烧酒""醇酒"，此工艺在宋朝年间初步形成，至今已有 800 多年的历史了。蒸馏酒最初是由酒精度较低的米酒演变而来的，先将含有淀粉或糖质的原料制成酒醅（没有过滤的酒）或发酵成酒醪（浊酒），而后再蒸馏成酒。蒸馏过后的酒往往芳香醇正，入口绵甜爽净，味道极佳。老龙口白酒正是因为采用了这种蒸馏酒酿造工艺，才有着令人回味无穷的味道。

老龙口白酒是东北地区有着悠久历史传承的白酒特产，素有"沈阳人的记忆"之称。2008 年，"老龙口白酒传统酿造技艺"被列入第二批国家级非物质文化遗产名录。老龙口白酒的酒厂也成为国家 3A 级景区，被人们誉为"酒文化的博物馆"。

六、辽中玫瑰

辽中玫瑰是辽宁省沈阳市辽中区的特产，中国国家地理标志产品。玫瑰花在我国有着极为悠久的历史，由于其娇艳欲滴，极具观赏性，历代文人多以诗咏之，如杨万里的《红玫瑰》。

玫瑰一词最早并不是花的名称，而是一种宝石的名字。东汉许慎在《说文解字》中记载："玫，石之美者；瑰，珠圆好者。"在两汉时期，玫瑰多指代美玉。后来，人们将它用作花的名称，表达了对花的美好赞誉。

玫瑰花的栽培史可追溯到汉朝时期，西晋葛洪在《西京杂记》中写道："乐游苑中自生玫瑰树，树下多苜蓿。"从这里我们可以看出，汉武帝的乐游苑中就栽有玫瑰。

自古以来，玫瑰花因其艳丽的外表、浓郁的香气和丰富的象征意义，深受人们的喜爱。一些文人墨客还将它写到了诗中。例如唐朝的长孙佐辅的《古宫怨》中有："窗前好树名玫瑰，去年花落今年开"。五代时期的诗人李建勋也曾在《春词》中提及玫瑰："折得玫瑰花一朵，凭君簪向凤凰钗。"

古时，玫瑰与爱情没有任何关系，古人更看重的是它的药用价值。《本草纲目拾遗》中记载玫瑰有"和血行血、理气，治风痹、噤口痢、乳痈、肿毒初起、肝胃气痛"的功效，药用价值极高。这使得玫瑰种植更加广泛。

我国辽中一带有着悠久的玫瑰种植史。据《辽中县志》记载，明末清初时辽中已开始种植玫瑰，并称："辽中栽植玫瑰如种田，夏初开花，红苞逐月开，连续不断，花放大于盘，香味迷人"。

明朝万历四十四年（1616年），努尔哈赤在赫图阿拉建立后金政权，举行开国大典时曾征用辽中玫瑰。皇太极建立清朝后，将辽中玫瑰列为贡花。此后，每年都有成千上万枝辽中玫瑰进贡到北京，备受皇家喜爱。

辽中玫瑰之所以声名远扬，得益于这里的天然条件。辽中一

辽中玫瑰

带地势平坦，土壤肥沃，有极为适合玫瑰生长的沙壤土。此外，辽中地区降水量较大，并且有最大的河流——辽河，境内很少发生干旱。

辽中地区得天独厚的自然条件，使这里的玫瑰花色鲜艳、花姿优美、芳香馥郁。辽中玫瑰品种繁多，例如红色系的"黑玫瑰""卡罗拉""红鹤"等，彩色系的"索菲亚""贝拉米""黄金时代"等，深受消费者的欢迎。

如今，辽中玫瑰的鲜切花产业已经成为当地的"朝阳产业"，当地人还不断挖掘玫瑰的药用价值，对玫瑰花进行深加工，提炼玫瑰多肽、玫瑰黄酮等产品。

七、松花石砚

松花石砚通常指松花砚，为吉林省的特产，是清朝皇帝的御用石砚。制作松花砚的材料是松花石，最早发掘于吉林省长白山地区。

硯台是研墨用具，与笔、墨、纸合称文房四宝。我国的砚台品类繁多，除端砚、歙砚、洮砚、澄泥砚四大名砚外，产于长白山一带的松花石砚也较为有名。

松花石砚具有"发墨益毫、滑不拒墨、涩不滞笔、贮墨不固"的特点，为清朝年间的御用砚品。制作石砚的原料松花石产自吉林省长白山区，这里是清朝的"龙兴之地"。松花石砚能够成为清宫中的御砚，应归功于康熙皇帝。《圣祖仁皇御砚说》记载："康熙皇帝行幸故里松花江畔，见当地人所用砥石（细磨刀石）石质温润玉质，石纹美丽，意此为砚材必为名砚。"康熙皇帝在出巡时偶然发现长白山的玉石是不可多得的制砚原料，于是便将松花石作为皇家的御用制砚原料，由宫廷垄断。

康熙皇帝对松花石砚尤为钟爱，《西清砚谱》一书中就记载了他观松花石双凤砚时的赞语："寿古而质润，色绿而声清，起墨益毫，故其宝也。"康熙皇帝还会将砚品赏赐给股肱之臣。康熙四十二年（1703年），康熙皇帝曾赏赐几十位翰林院官员每人一方松花石砚。

松花石砚

不只康熙钟爱松花石砚，雍正、乾隆也对其情有独钟。雍正皇帝即位后，曾命三位制砚高手入宫专门制作松花砚。我们如果看到带有"以静为用，是以永年"铭文的松花石砚，就是雍正年间制作的。

乾隆皇帝更是将松花砚作为"天赐圣物"，因此，宫廷内松花石砚的制作规模较大。乾隆皇帝对松花石砚的评价甚高，认为其可与四大名砚媲美，盛赞松花砚："混同江产松花玉，色净绿，细腻温润，可中砚材，发墨与端溪同，品在歙坑之右。"

松花石砚的兴起与清王朝的兴盛是一脉相承的。清朝中期国势日益衰微，嘉庆以后便不再以松花石制砚。

　　由于松花石砚一直为宫廷所垄断，因此如今存世的砚台数量并不多，皆存于故宫博物院中。据统计，北京故宫博物院现存松花石砚 80 余方，台北故宫博物院现存松花石砚 90 余方。

　　松花石砚自清朝灭亡后便销声匿迹。为了重现这一文房瑰宝，吉林省地质局于 20 世纪 70 年代专门派人来到长白山一带寻找松花石，最终在今长白山市八道江区库藏沟村发现了松花石，松花石砚才得以恢复生产。松花石砚作为昔日的宫廷御砚，如今已成为人人皆可观摩、把玩的工艺特产，向世人展示着吉林省独有的松花石文化。

第三章

华北地区特产

一、平遥牛肉

山西平遥古城与云南丽江古城、四川阆中古城、安徽歙县古城，并称中国现存最完好的"四大古城"。这里古迹众多、物产丰富，其中，平遥牛肉作为当地特产，是中国国家地理标志产品。

平遥牛肉是山西平遥的美食符号，也是享誉世界的风味特产。平遥牛肉究竟起源于何时，已不可考。

清朝嘉庆年间，雷金宁祖孙三代在平遥的文庙街开设兴盛雷牛肉店，长达百余年，嘉庆皇帝曾亲赐平遥牛肉"人间极品"。

光绪二十六年（1900 年），八国联军侵入北京，光绪皇帝与慈禧太后仓皇出逃，途经平遥时天色已晚，便驾临此处休息。平遥知县沈世荣设晚宴，精心安排了 108 种当地小吃来招待光绪和慈禧，其中就有平遥牛肉。慈禧对其他小吃不以为意，但当她吃到平遥牛肉时，却连连称赞，将平遥牛肉封为皇家贡品。

平遥牛肉具有嫩香酥烂、瘦而不柴的特点，之所以能广受欢迎，关键还在于其独特的制作方式——牛肉先腌后煮、老汤煮肉、熄火慢焖。虽然平遥牛肉至清朝才火遍大江南北，但是这种制作牛肉的方法却由来已久。

"先腌后煮"制作工艺最早出现于北魏时期。北魏始光初年（424年），大夏出兵攻打平遥。平遥东郊西郭村有一位叫韩林的老汉，逃难前将牛宰杀，并将牛肉置于缸中。为了防止牛肉腐烂，他使用腌菜的方法用盐水浸上牛肉，将牛肉掩藏后便匆忙逃走了。十几天后，韩林返回家中，发现用盐腌制的牛肉没有腐烂，便赶紧生火将其卤煮。他惊奇地发现，腌制的牛肉煮熟后，枯柴难嚼的口感大大改善。自此，平遥牛肉开始使用"先腌后煮"的制作工艺。

唐宋时期，平遥人在"先腌后煮"的工艺基础上，又开创了"老汤煮肉""沸煮温炖"的卤肉技术，加工牛肉

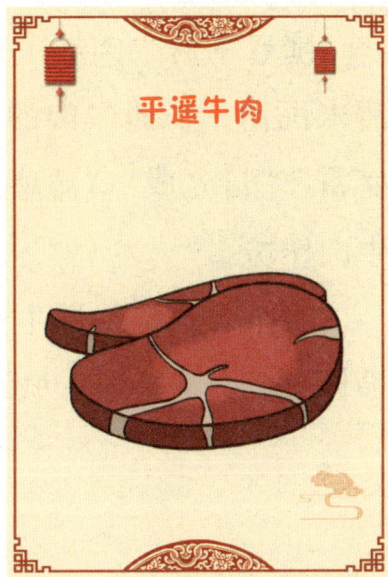

的技术越发完善。明清时期，卤煮工艺进一步提高，出现了"急火煮、慢火炖、熄火焖"的制作工艺，大大提升了平遥牛肉的口感。

随着平遥牛肉加工技艺的日臻完善，清朝道光年间至清末民初，平遥牛肉的手工作坊开遍了山西省各地，"兴盛雷""自立成""源盛长""隆盛旺"等都是当时有名的牛肉作坊。

时至今日，平遥牛肉已成为平遥古城的城市名片。如果你有机会来平遥古城游玩，一定要尝一尝这里的牛肉。

二、全聚德烤鸭

北京的全聚德烤鸭是非遗美食，是华北地区极具代表性的特产。

全聚德烤鸭店始建于清朝同治三年（1864 年），以挂炉烤鸭享誉全世界。

烤鸭这一美食在我国由来已久，南北朝的《食珍录》中便有关于"炙鸭"的记载。南宋时期，"炙鸭"是都城临安的名吃，广受市民的喜爱。后来，蒙古铁骑踏破了临安的城门，南宋灭亡。随后，元朝建立，元将伯颜曾将临安城里的百工技艺徙至大都（今北京），烤鸭流传到北方，并成为皇宫的御膳。

洪武元年（1368 年），朱元璋建立明朝，建都南京。相传明太祖朱元璋对烤鸭情有独钟，几乎"日食烤鸭一只"，还将烤鸭列为宫廷御膳。宫廷御厨为了讨好皇帝，绞尽脑汁研究烤鸭做法，这也为后来挂炉烤鸭技艺的出现奠定了基础。

明成祖朱棣迁都北京以后，烤鸭的制作技艺也传入了北京。明、清两朝都城均设在北京，烤鸭也因此在北京扎根，成为当地的风味特产。

据故宫《五台照常膳底档》记载，乾隆二十六年（1761 年）三月初五至十七日，乾隆共吃了八次烤鸭。可见他对烤鸭的喜爱程度。

为了满足乾隆皇帝吃烤鸭的喜好，御膳房特设"包哈局"，专做烤食。当时的烤鸭多以焖炉烤制，操作极为复杂，包哈局一反常态，选用"挂炉烤"的形式，挂炉烤鸭正式诞生。

全聚德之所以以售卖挂炉烤鸭为特色，是因为前有便宜坊售卖焖炉烤鸭，并且已经占据了京城相当大的市场。当时全聚德掌柜杨全仁只能寻求新的商机，他花重金聘请了清宫包哈局专司挂炉烤鸭的孙师傅，专售挂炉烤鸭。

孙师傅将原有烤炉改良为炉身高大、炉膛深广的大烤炉，一炉可烤十几只鸭，而且还能一边烤制一边往里面续

鸭。经挂炉制成的烤鸭外形美观、丰盈饱满、色呈枣红，挂炉烤鸭自此不再是只供宫廷中人享用的美食，而成为人人皆可享用的民间美味。清代姚元之在《竹叶亭杂记》中记载："亲戚寿日，必以烤鸭相馈遣。"可见，烤鸭已成为当时人情往来的必备礼物。

全聚德开挂炉烤鸭因外酥里嫩、肥而不腻、瘦而不柴，一时风靡北京城，成为风味名吃中的佼佼者，也成为具有北京风味的特产。

三、泥人张彩塑

泥人张彩塑是独具天津特色的手工艺品，创始人为张长林。泥人张彩塑形成于 19 世纪中叶，已历经百余年的风雨，至今仍广受欢迎。

泥人张彩塑长期以来都被称为"天津一绝"，是天津的工艺品特产，在清朝末年已享有盛誉。

彩塑也称泥塑，是我国雕塑艺术之一，它以泥土作为原材料，通过捏制、翻模，搦泥成形。

据考古资料显示，古人使用泥土来塑造各种形象的历史极为悠久。彩塑起源于古人对图腾及神灵的崇拜。《风俗通》记载："天地开辟，未有人民。女娲抟黄土做人。"这是我国神话传说中最早的捏造泥塑活动。

关于彩塑的历史可追溯到新石器时代，考古学家曾在距今约 7000 年的河南新郑裴李岗文化遗址中发现泥猪和泥羊头，这些文物是远古先民手工捏制艺术品的证明，也是目前发现的最早的彩塑。

自新石器时代后，我国的彩塑艺术就未曾间断。汉朝时期，彩塑已成为较为普遍的民间工艺。考古学家在两汉的墓葬中发现了大量彩塑文物，如陶俑、陶兽、陶马车等。这些彩塑既有捏制的，也有模制的。此后，彩塑历经唐、宋、元、明多代的发展，艺术形式也更为多样。

清朝，彩塑形成了两大流派，南有无锡惠山泥人，北有天津泥人张。泥人张彩塑是我国北方泥塑的代表，创始人为张长林。据说张长林的父亲张万全是在天津以贩卖泥塑为生，张长林年少时经常给父亲帮工，因此习得了泥塑技艺。

张长林捏制泥人的素材或来自戏曲故事，或取自民间故事，抑或取自古典文学名著，他所塑造的作品不仅形似，甚至可以达到"以形写神"的境界。《大公报》的"天津人物志"有一篇关于张长林的文章写道："至其如何工作？不过在观戏时，即以台上角色，权当模特儿，端详相貌，剔取特征，于人不知不觉中，袖中暗地摹索。一出未终，而伶工像成；归而敷粉涂色，衬以衣冠，即能丝毫不爽。"由这段文字可知，张长林的泥塑技艺可谓令人称奇。

泥人张彩塑历经百余年的发展，成为一个品牌，如今人们再提起"泥人张"，想到的不再是张长林，而是天津的老字号，甚至是北方泥塑的代表。

四、内画鼻烟壶

内画鼻烟壶为中国传统的手工艺品，是北京独具特色的工艺品，其兴起于清朝嘉庆年间，迄今为止已有 200 多年的历史了。

鼻烟壶是随着鼻烟的传入而产生的，闻吸鼻烟是 16 世纪西方贵族阶层的一种嗜好。明朝万历年间，意大利传教士利玛窦把鼻烟带到我国。赵之谦在《勇庐闲诘》中记述了这一事件："鼻烟来自大西洋意大里亚国。万历九年，利玛窦汛海入广东，旋至京师。献方物，始通中国。"自此明朝的皇亲国戚和达官显贵也开始闻吸鼻烟，盛鼻烟的容器鼻烟壶也随之产生。

内画是我国独有的传统工艺，它的产生与鼻烟壶息息相关。所谓内画，就是使用特制的变形细笔，在玻璃、水晶、琥珀等材质的壶具内部，绘制图画。关于内画鼻烟壶究竟起源于何时，目前尚无定论。历来民间流传着不少传说，有人说是吸鼻烟的文人所创，也有人说是庙里的和尚所创，然而这些传说都没有依据。明清的历史典籍中关于内画鼻烟壶的记载甚少，成书于同治八年（1869年）的《勇庐闲诘》中虽然详尽论述了鼻烟壶，但是对内画鼻烟壶只字未提。据此可知，内画鼻烟壶在咸丰、同治年间还没有流行。

香港鼻烟壶研究者梁知行先生在《中国内画鼻烟壶新貌》中提出，内画鼻烟壶是一位名叫甘桓的年轻画家在嘉庆年间发明的。甘桓原名甘烜文，他将小钢珠、石英砂和少量水灌入鼻烟壶内，来回晃动，壶的内壁会出现一层细纹，再以弯曲的竹笔在壶的内壁上反向作画，一个小小的内画鼻烟壶就这样完成了。

现存最早的内画鼻烟壶为甘烜文于嘉庆二十一年（1816年）绘制的，其一面绘有山水画，一面题有诗词。从这个鼻烟壶的笔触看，无论是构图还是画技和书法功力，都非同一般，可见作者的内画技艺趋于成熟。据此推断，内画鼻烟壶很有可能初创于嘉庆年间。

　　内画鼻烟壶发端于北京，后来分为京、冀、鲁、粤、秦五大流派。五大流派中，京派的历史最为悠久。周乐元、马少宣、叶仲三、丁二仲名列京派内画四大名家，其中叶仲三还为京派和冀派的创始人。最难能可贵的是，叶氏后人至今还在从事内画鼻烟壶的工作，第三代传人叶淑英是国内首屈一指的内画艺术家。

　　都说"艺术创作皆来源于生活"，鼻烟壶作为生活中装鼻烟的小瓶子，手工艺术稍稍进行加工，竟然使其成了独具一格的工艺品。时至今日，内画鼻烟壶虽然已失去了实用价值，但是它依然是艺术品，有很强的观赏性，描摹于壶身的笔画，散发着独特的艺术魅力。

五、巴林石

巴林石为内蒙古自治区赤峰市巴林右旗特产，与福建寿山石、浙江青田石和昌化石并称为中国"四大名石"。巴林石的开采可追溯到"红山文化"时期，有着极为悠久的历史。

巴林石作为我国四大印石之一，其主产地为内蒙古自治区赤峰市巴林右旗大板镇西北部的特尼格尔图山。巴林石石质细润，通灵清亮，按照质地、颜色不同主要分为鸡血石、福黄石、巴林彩石等品种。

早在红山文化时期，人们就已经开采巴林石了。由于开采时断时续，因此在我国整个古代社会时期，关于巴林石的记载并不多。

在清朝摄政王多尔衮属地的喀喇沁旗锦山的灵悦寺内，供奉着一尊高 14 厘米、宽 7 厘米、厚 4.5 厘米的石佛，呈玫瑰色，据专家考证，佛身通体都蕴含巴林石石质。由于这尊石佛供奉多年，年代久远，具体资料已不可考。但从石佛的雕刻手法来看，应为唐宋时期所刻。

另外有文字记载，在成吉思汗统一蒙古各个部落的庆功宴上，一名部下进献了一只巴林石碗。成吉思汗用此碗盛满美酒，与众将士开怀畅饮，频频称赞："腾格里朝鲁"（意思是"天赐之石"），足见成吉思汗对巴林石制石碗的喜爱。明清时期，巴林石作为贡品，被进贡给朝廷。

在古代，巴林石还是制作印玺的上选石材。今天的喀喇沁旗博物馆中珍藏着两方巴林石印，一方上篆刻"喀喇沁王之宝"，一方上刻"世守南漠"，这两方印章是从喀喇沁王府中发现的，但是尚不明确是哪朝哪代的王爷印章。

巴林石

从红山文化时期到清朝末年，巴林石的开采量均不是很多。巴林石真正实现规模化开采是在 20 世纪 70 年代。改革开放后，随着国内经济的发展，巴林石的声名和地位日益提升。

20 世纪 80 年代末及 90 年代初，巴林石物美价廉，以几百、几千的价格就可以买到品质极好的巴林石。从 2005

年起，巴林石渐渐流入了各地的文玩交易市场，越来越多
的商人和石类收藏家看到了巴林石的价值，使巴林石的身
价迅速上涨，尤其以鸡血石最为显著，当年几千元就能买
下的鸡血石，价值现已高达百万。

2007 年，原国家质检总局批准对"巴林石"实施地理
标志产品保护。

六、迁西板栗

迁西板栗，也称京东板栗，产自河北省唐山市迁西县。迁西一带具有得天独厚的栗树种植条件，有着千年的栗树栽培史和百年出口史，是著名的中国板栗之乡。

板栗生食或熟食均可，历来为人们所喜爱，也时常见于文人墨客的诗句中。北宋宰相王安石在写给外孙吴侔的诗中有："年小从他爱梨栗，长成须读五车书"，南北朝文学家庾信也有诗言："寒谷梨应重，秋林栗更肥。"

我国板栗产地分布极广，河北、山东、安徽、湖北、湖南、广西等地均有分布，其中名声最响的莫过于迁西板栗。迁西板栗为河北唐山市迁西县的特产。迁西县种植板栗的历史极为悠久，在历史典籍中有诸多记载。《战国策》记载："燕国……南有碣石雁门之饶，北有枣栗之利，民虽不田作而足于枣栗矣。此所谓天府者也。"《史记·货殖列传》中载："燕秦千树栗……此其人皆与千户侯等。"这里提到的"北""燕"地区就包含如今的迁西一带，这也说明早在春秋战国时期，迁西就是板栗的著名产地。

迁西一带的板栗产量很高，民国时期的《迁西县志》记载："邑境产量最富，行销最远，为邑产大宗。"这里提到的"邑境"指的正是河北唐山的迁西县。在迁西境内，100～200年的板栗古树随处可见，在新立庄、汉儿庄等地尚存多棵300～500年的古栗树。迁西县得天独厚的自然环境，适合栗树生长，这里的板栗糖分高、耐储藏。

板栗最经典的吃法便是糖炒，迁西板栗也有这一吃法。糖炒栗子在我国由来已久，早在北宋时期，便已存在这种吃法。陆游在《老学庵笔记》中写道："故都（指北宋都城汴京）李和炒栗，名闻四方。他人百计效之，终不可及。"迁西板栗的糖炒方法，也是从汴京传过来的。这一点陆游在《老学庵笔记》中也曾提及："绍兴中，陈福公及钱上阁，出使虏庭，至燕山，忽有两人持炒栗各十裹来献……自赞曰：'李和儿也。'挥涕而去。"从这里记载可知，曾在汴京以炒栗为生的李氏，因南宋时期的战乱，带着炒栗的技艺来到了燕山一带，而迁西所处的地理位置正是燕山南麓。据此可知，糖炒板栗的做法正是在此时传入了迁西。

迁西板栗除糖炒外，还有多种做法。《山家清供》中记载："山栗、橄榄薄切同食，有梅花风韵，因名'梅花脯'。"另外还有金玉羹"山药与栗各片截，以羊汁加料煮，名金玉羹"。此外，山栗粥、栗子鸡等佳肴均可用板栗制作。

迁西板栗

由于栗子与"立子"为谐音，所以迁西县的男女在新婚之日，老人会在新娘的被角里缝几颗栗子，给予新婚夫妇美好的祝福，企盼他们早生贵子。此外，迁西人在饮食中常将栗子与鸡搭配做菜，取"吉利"之意。

第四章

华东地区特产

一、南京盐水鸭

南京古时称"金陵"，因此南京盐水鸭也被称为"金陵盐水鸭"。南京的"鸭肴"颇负盛名，南京历来被冠以"鸭都"的美称，南京盐水鸭就是当地的著名特产。

南京作为六朝古都，其历史极为悠久，在几千年的历史发展中有不少特产传承至今日，盐水鸭就是其中之一。

南京盐水鸭是南京久负盛名的特产，以皮白肉嫩、肥而不腻、鲜香味美名扬四海。盐水鸭以中秋前后桂花盛开时节制作的鸭口味最佳，因此也有"桂花鸭"之称。成书于民国时期的《白门食谱》中记载："金陵八月时期，盐水鸭最著名，人人以为肉内有桂花香也。"南京人历来有在中秋吃盐水鸭的传统，这是因为：一是"秋高鸭肥"，中秋时节的鸭子是最肥壮的；二是桂花盛开的季节，所做的鸭肉中会带有桂花的香气，食用起来口味最佳。

"盐水鸭"之名，相传与乾隆皇帝有关。有一次乾隆皇帝想要吃江南一带的烤鸭，于是御厨便进了一批鸭子。但是，御厨下午回来时却发现，这些鸭子居然全部死掉了。询问一番后才得知是养鸭人的孩子用盐巴来喂鸭子，将鸭子咸死了。

由于鸭子盐分过高，如果入火烤制会炸开，但是御厨要向乾隆皇帝交差，便选了几只鸭子煮了，谁知乾隆皇帝吃了水煮的鸭子后，大加赞誉，还为其赐名——盐水鸭。可谓是"无心插柳柳成荫"，自此这道"盐水鸭"便流传开来。

南京吃鸭的历史悠久，由于南京地处江南，水暖鸭肥，具有制作鸭肴的天然优势。早在春秋战国时期，南京一带便有"筑地养鸭"的习惯。据《吴地记》记载："吴王筑城，城以养鸭，周数百里。"畜养家鸭迄今已有几千年的历史。六朝时期，南京一带的鸭馔已极为盛行。宋朝年间，南京盛行以鸭配菜，素

南京盐水鸭

有"无鸭不成席"的说法。历经朝代的更迭，至民国时期，出现了濮恒兴、刘天兴、马恒兴、韩复兴等八家盐水鸭商铺。

南京民间还有一个关于盐水鸭的有趣民俗。丈母娘第一次见准女婿，会在家中设宴招待，桌上必备一盘盐水鸭。丈母娘对女婿满不满意，全靠这只鸭子来传达。吃饭的时候，如果丈母娘给准女婿夹鸭腿，表示对他很认可，以后要多来家中走动走动；如果夹的是鸭翅，则表示吃完这顿饭，以后不要再来了；如果给夹鸭屁股，则表示对这个准女婿非常满意，因为南京人将鸭屁股称为鸭腚，取谐音"压顶"，顶就是顶好的意思，表明丈母娘满意和喜欢这个准女婿。

南京流传着"古书院，琉璃塔，玄色缎子，盐水鸭"的民谣，古书院指的是国子监，琉璃塔指的是大报恩寺，玄色缎子是指南京著名特产玄色锦缎。人们将盐水鸭与这些声名赫赫的南京文化符号并列，足见它的地位。

二、上海绒绣

上海绒绣为上海市的民间传统艺术品，是上海的特产之一。绒绣这一手工工艺最初是在欧洲流行，于19世纪末逐渐传入中国，在我国有着极为悠久的历史。

绒绣也称"点子绣""斜针绣"或"毛线绣"，起源于欧洲。14世纪，德国农民在服装和壁毯上根据针织物经纬线的排列，计算针数绣成图案，这种针织品的原料和工艺已初具绒绣的雏形。16世纪，欧洲出现了一种专门用作刺绣底子的麻布，在麻布上用绒线逐针绣满，便成了绒绣。

19世纪末，绒绣传入我国，20世纪初传入上海。在上海徐家汇一带活动的天主教修女，为了扩大宗教影响，开始在教会和浦东一带的农村中教授西方绒绣技艺。

1918年，为了满足外商的绒绣订单需求，美籍犹太人福斯特格莱在上海的谦礼洋行和谦泰洋行组织绣女、发放材料，进行大规模的绒绣加工。这一时期的上海绒绣工艺品主要以绣制日用品为主，用色比较简单。

到20世纪30年代，绒绣真正开始中国化。20世纪30年代以后，绒绣的从业人数日渐增长，开设绒绣绣花厂的商人群体由外商向华商过渡。最先创办绒绣加工厂的中国商人为杨鸿奎，在浦东的陆家嘴路开设纶新绣花厂，包揽洋行的所有订单。随着业务的扩大，杨鸿奎先后开设了华新、丽新、新华等六家绣花厂，并在砖桥街、钟家祠堂开办了绒绣习艺所，培养了一批从事绒绣加工的优秀人才。绒绣得以在上海扎根壮大，杨鸿奎可谓是居功至伟。

上海绒绣之所以能在华夏大地生生不息，传承至今，得益于绒绣工艺的不断改进。1943年，上海绒绣艺术家刘佩珍运用拼色工艺复色绣制，攻克了绒绣色彩过渡的难点，绣制了我国第一幅人物肖像《高尔基》，这也是我国首次采用绒绣工艺制作人物肖像。

20世纪50年代初，上海绒

绣艺术家高婉玉再次对绒绣技艺进行改良，对绒绣用线自行进行染色、配色、劈线、拼线、加色，丰富了绒绣用线的色彩，提高了绒绣的艺术表现力。此外，高婉玉还使用图稿打九宫格，按比例在麻布上打格放大后直接绣制，绣出的作品既快又好。

2011年5月，"上海绒绣"被列入第三批国家级非物质文化遗产名录。如今被誉为"东方油画"的上海绒绣，早已成为宏大议事厅墙壁上的"常客"，人民大会堂中很多议事厅的墙壁上悬挂的都是上海绒绣。

三、桃花坞木版年画

桃花坞木版年画是江苏苏州的一项民间传统艺术，是苏州的工艺特产之一。它起源于宋代的雕版印刷工艺，至明代发展为民间艺术，清朝的雍正、乾隆年间发展到鼎盛。

"桃花坞里桃花庵，桃花庵里桃花仙"，唐伯虎的一首《桃花庵歌》令姑苏城内的桃花坞声名远扬。桃花坞现如今为苏州的一个特色文化街区，但在历史上，这里曾是民间传统美术木版年画的诞生地。

桃花坞木版年画因产自苏州城内的桃花坞而得名，但是它的起源远比唐伯虎生活的年代要早得多。桃花坞木版年画采用的雕版印刷工艺，可追溯到北宋崇宁年间，是由当时的绣像图演变而来的。

明朝时，在苏州七里山塘和阊门桃花坞一带，画铺众多。由于资本主义的萌芽与城市经济的发展，生活在城市的人对文化生活的需求日益增加。另外，这一时期小说、戏曲的产生，也带动了小说、戏曲插图本的发展，为木版年画的兴盛提供了条件。因此，在明朝时，桃花坞木版年画得到长足发展，并出现了民间艺术流派。

清朝雍正、乾隆年间是桃花坞木版年画发展的鼎盛时期。这一时期，苏州城内画铺数量激增，有张星聚、魏宏泰、陆嘉顺、张在等五十余家画铺，年产画量高达百万余幅。而且这一时期的桃花坞木版年画不仅行销至浙江、江西、山东等地，还一度走出国门，远销日本与南洋。大量桃花坞版画传入日本，对日本 17 世纪的"浮世绘"版画产生了深远的影响。

桃花坞木版年画的制作主要分为五道工序，分别为画稿、刻板、印刷、装裱和开相。其中最为重要的一道工序便是刻板，刻板又分为上样、刻板、敲底、修改四部分，所使用的工具主要为拳刀，同时再辅以针凿、铁尺、水钵等工具。

桃花坞木版年画

桃花坞木版年画是一版一色，分版水色套印。印刷的时候先印墨线版，然后根据画稿的色泽再分版套色，通常用色为红、绿、黄、桃红、紫和淡墨等。虽然套色版用色不同，印刷时都是均匀平刷，不分浓淡，但可用两种套色重叠造成复色，丰富色彩。在印刷年画的过程中，印刷工采用"模版"技法，使墨线版和套色版准确无误，确保印刷的作品与原作不失真。印刷完成后，最后进行装裱，一幅年画就完成了。

桃花坞木版年画的表现形式有神像画、门神画、门房画、屏条、斗方、灯画等，其内容极为丰富，根据主题不同可划分为四类，分别是祈福迎祥类、驱凶辟邪类、时事风俗类和戏曲故事类。

桃花坞木版年画是江南一带流传最广、影响最大的木版年画，被誉为"东方古艺之花"，有着极高的艺术价值。它与潍坊杨家埠年画、四川绵竹年画、天津杨柳青年画并称为"中国四大民间年画"。

四、阜阳剪纸

阜阳剪纸是一门古老的传统民间艺术，为安徽省阜阳市的特产。2008 年，"阜阳剪纸"被列入第一批国家级非物质文化遗产扩展项目名录。

我国剪纸的风格，素有"南秀北雄"之说。阜阳位于淮河中游，地处南北分界的黄淮一带，因此，阜阳剪纸既有南方剪纸的纤巧、秀丽，也兼具北方剪纸的粗犷、浑厚，形成了刚柔并济、朴实优美的地方特色。

关于阜阳剪纸的历史可追溯至南北朝时期，北魏乐府民歌《木兰辞》中有这样一句诗："当窗理云鬓，对镜贴花黄。"这里的"花黄"指的就是头饰剪纸。据考证，花木兰为今亳州人，而亳州曾隶属于阜阳。可见早在南北朝时期，阜阳一带便已有剪纸这一民间艺术存在。

唐朝时，亳州一带还曾出产过"亳绢"，阜阳人使用绢帛来剪绢花。剪绢花本质上与剪纸是同源的，这也是阜阳剪纸的一种表现形式。

清朝时，阜阳剪纸得到了迅速的发展。由于商品经济的快速发展，阜阳出现了一批以剪纸为生的手艺人，他们的剪纸作品成为庆祝节日的装饰品。如今收藏于阜阳博物馆的"兰桥会""牧笛""祭塔"等剪纸，构图简洁，剪口清晰，都是清朝年间的剪纸作品。

阜阳人习惯将剪纸称之为铰花，阜阳剪纸是真正来自民间的传统手工艺术。这些从事剪纸的手艺人有的是朴实无华的农家妇女，有的是面朝黄土的农民，他们都深深扎根于劳动生活中，因此剪纸所表现的内容通常是劳作生活和虫鱼鸟兽。

阜阳剪纸根据用途可划分为装饰类和实用类的剪纸。装饰类剪纸是指在喜庆节日用于装饰的剪纸，包括喜花、窗花、灯花等，主要以吉祥纳福和戏曲故事为主要题材。实用类剪纸是指鞋、帽、枕头上的刺绣花样，内容多以花卉和虫鸟为主。

吉祥纳福是阜阳剪纸中最常

阜阳剪纸

用的题材之一，所谓"隐蔽的苦难越深，剪纸艺术创造的吉祥与美好就越鲜明"，剪纸艺术正是阜阳人用来表现内心向往吉祥美好生活的重要途径。

由于阜阳地处淮河流域，洪涝灾害频发，因此激发了当地人对风调雨顺、丰衣足食、无病无灾的幸福生活的向往，大量吉祥喜庆题材的剪纸应运而生。这类剪纸通常采用借物寓意的表现手法，例如在"五福捧寿"的剪纸中，就是以五只蝙蝠环绕成圆，蝙蝠取"福"字的谐音，寓意多福多寿。

阜阳剪纸艺术是阜阳人民创造的独具特色的地域文化，是我国剪纸艺术的重要组成部分，阜阳也被誉为"中国民间剪纸艺术之乡"。

五、景德镇瓷器

景德镇瓷器是我国传统的手工艺品之一。以"白瓷"最有名，素有"白如玉，明如镜，薄如纸，声如磬"之称。景德镇瓷器是江西景德镇市的特产，也是中国国家地理标志产品。

景德镇是我国最大的产瓷区，自明清时期便已成为全国的制瓷中心，有着"瓷都"的美称。根据《浮梁县志》记载，景德镇的制陶史可追溯到汉朝。东晋时期，景德镇开始烧制瓷器，至今已有上千年的历史。

东晋陶工赵慨最先在景德镇制瓷，被誉为景德镇瓷器的祖师爷。赵慨是河北滏阳（今河北省邯郸市磁县）人，先后在福建、浙江、江西等地做官。做官期间由于他刚正不阿，遭奸佞之臣陷害，被降职贬官。后来，他隐居景德镇。

隐居期间，赵慨利用在浙江一带了解的越窑制瓷技艺，将越窑青瓷的烧制技术与当地制瓷技艺相结合，对景德镇的胎釉配制、成型和烧制等工艺进行改良，对当地制瓷业的发展做出了重大贡献。后世的瓷工为了纪念赵慨，为其筑庙立碑，尊他为景德镇瓷器的师祖。

唐朝时，景德镇已经能够烧制出品质较好的白瓷，但是此时还未有名气，因此景德镇瓷器的地位也不高。北宋时，景德镇名声大振。北宋景德元年（1004年），宋真宗对昌南镇烧制的瓷器赞不绝口，他便以自己的年号为这里赐名为"景德镇"，景德镇成为历史上首个使用皇帝年号命名的地方。宋代，景德镇的制瓷业开始蓬勃发展，与汝窑、官窑、哥窑、钧窑、定窑等五大名窑比肩，成为新兴的制瓷业中心。明洪武二年（1369年），明太祖朱元璋在景德镇设置御器厂（也称御窑厂）使得景德镇成为专门为皇室烧制瓷器的制瓷中心。这也奠定了景德镇瓷器的地位。

清朝时，统治者同样在景德镇设置御窑厂。这推动景德镇成为具有"大都会"性质的古代制瓷中心。康熙

二十一年（1682年），饶州知县陈淯曾这样评论景德镇制瓷业："景德一镇，则又邑南一大都会也，业陶者在焉，贸陶者在焉，海内受陶之用，殖陶之利，舟车云屯，商贾电骛，五方杂处，百货俱陈，熙熙乎称盛观矣。"

清末民初，景德镇陶瓷业更加昌盛，瓷商、瓷行、瓷庄和瓷号大量涌现。很多商帮都有自己的瓷行、瓷庄或瓷号，他们加强了景德镇与各地的联系。一些商帮还把景德镇瓷器带到了世界各地。"白如玉，明如镜，薄如纸，声如磬"的景德镇瓷器一路漂洋过海闯世界，成为全球追捧的产品。

从造型到装饰、再到烧制的过程中，工匠们运用了许多手法，使景德镇瓷器发生了丰富的变化，形成了特有的审美特征和文化内涵，历经千年而不衰。

六、泰山石敢当

石敢当是古时候立于门外或街口巷冲的刻有"石敢当"的石碑，人们摆放石敢当的目的是驱邪、禳解。泰山石敢当是用泰山石制作的石敢当，是山东泰安一带的特产。

石敢当的最早的文字记载见于西汉时期史游的《急就章》。书中载："师猛虎，石敢当，所不侵，龙未央。"这里所传达的意思是"石敢当可以抵挡一切"。从这里的记载我们不难看出，泰山石敢当这一特产，源自古人对石头的原始崇拜。

《辞源》记载："唐宋以来，人家门口，或街衢巷口，常立一小石碑，上刻'石敢当'三字，以为可以禁压不祥。"以"石敢当"作为镇宅石，在唐宋时期已较为普遍。明清时期，泰山信仰在民间的兴盛达到顶峰，泰山石敢当开始流行。

泰山石敢当在民间流传着这样的传说：相传，石敢当为住在泰山上的一位壮士，他武功高强，英勇过人，好打抱不平。泰安城南汶口镇一户人家有一女儿，长得非常漂亮。可不知从何时开始，每到太阳下山后，就会有一股妖风刮进姑娘的房中，天长日久，这个姑娘变得面黄肌瘦，极为虚弱。这户人家听说石敢当很勇敢，就去请泰山的石敢当来看看。石敢当来了之后，果真把妖风赶走了。

后来，这股妖风到别的地方继续作威作福，石敢当为了驱赶它四处奔波，他想："妖风四处逃窜，我怎么跑得过来呢？"于是，他想了一个办法——在家乡的石头上篆刻家乡和他的名字泰山石敢当。谁家受妖风侵扰，就将这块石头摆在谁家门外，妖怪就不敢进门了。此后，人们为了辟邪，通常在盖房子的时候将刻有"泰山石敢当"的石头砌在墙上或者摆放在门口。

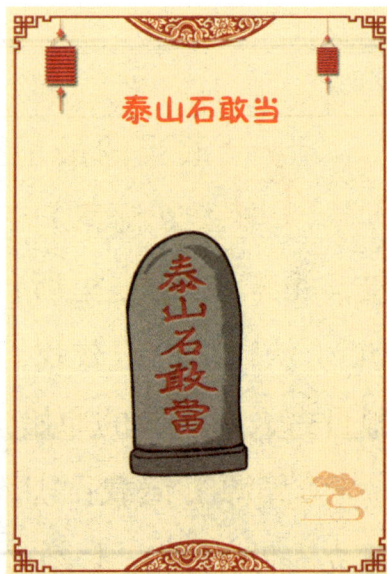

泰山石敢当

虽然民间传说有杜撰成分，但泰山石敢当所蕴含的"石敢当，镇百鬼，厌灾殃，官吏福，百姓康，风教盛，礼乐张"的平安文化，反映了人们追求平安的心理。这也是泰山石敢当至今依旧为中国人和海外侨民认同的原因。

如今，泰山石敢当不仅深得国内人士的喜爱，而且很受日本、韩国及世界各地的华侨欢迎。人们来到泰山游玩，都愿意买上一块泰山石敢当带回家，以"避灾祸，保平安"。

第五章

中南地区特产

一、洛阳唐三彩

唐三彩是我国陶瓷中的瑰宝，全名唐代三彩釉陶器，其釉彩有黄、绿、白、褐、蓝、黑等颜色，其中以黄、绿、白三色为主，故称唐三彩。洛阳地区自古以生产唐三彩闻名，是我国唐三彩艺术集散地。

1905 年，当时一批工人正在修建洛阳至开封段的铁路，偶然在洛阳北面的邙山挖到了一处唐朝的墓葬，墓葬中出土了大量的唐三彩文物，这是我国首次发现唐三彩。

唐三彩兴盛于唐朝，代表唐代陶瓷艺术的最高成就。唐三彩的兴起与唐朝的繁荣有直接的关系，是盛唐气象下独有的产物。

唐朝初期，唐三彩以黄、绿、白三种颜色为主，器物多为日常生活用品，如陶罐、陶瓶等。唐朝中期，唐三彩色彩和造型逐渐丰富，增加了红、蓝、紫等颜色的应用，器物的制作也更加精细。陶俑是这一时期唐三彩的一大特色，它们的造型栩栩如生，形象生动，细节处理巧妙，姿态各异。工匠通过巧妙的雕刻和捏塑技巧，使其具备了艺术观赏价值。陶俑准确地反映了唐代社会的人物形象和服饰特点。

唐三彩最大的特点就是颜色绚烂，这与其独特的制作工艺有关。工匠们先在 1000 ～ 1100℃ 的窑中烧制素坯，冷却后上釉挂彩，再入窑以 800 ～ 900℃ 的温度烧制。烧制过程中釉料溶化并扩散流淌，各种颜色浸润交融，形成流畅协调的色彩。这种方法烧制出来的器物色彩斑斓，浑然天成。

洛阳唐三彩

唐三彩不仅对我国制瓷业产生了深远影响，也对世界制瓷业产生了很大影响。唐朝时，唐三彩曾经由海上丝绸之路，输送到其他国家。一些国家借鉴唐三彩的制作工艺，制作出自己的瓷器。如朝鲜新罗烧制出了"新罗三彩"，日本烧制出了"奈良三彩"。

　　洛阳烧制唐三彩已有 1300 多年的历史，以独特的造型、绚丽多彩的釉色闻名于世。洛阳唐三彩的造型多样，包括人物、动物、花鸟、器物等，其中以人物和动物的形象最丰富。20 世纪 50 年代初期，洛阳市政府将修复古三彩器物的工匠及其子女招进城内，组建洛阳民间美术社，这也是洛阳三彩美陶公司的前身。工匠们在恢复整理总结唐三彩工艺技术的同时，开始小批量烧造，使唐三彩工艺得以传承。

　　洛阳唐三彩吸收了唐代的造型风格，用现代工艺烧制而成。经过多年的研究，洛阳唐三彩在仿制质量上有了很大的提高，多次获得国家级奖项，并作为国礼赠送给 60 多个国家的元首和政府首脑。

二、常德酱板鸭

常德酱板鸭为湖南省常德市武陵区的特产，是当地极具特色的风味美食，以"香、辣、鲜、醇"的独特口味著称，广受消费者的喜爱。

湖南地区的"湘菜"自古闻名，各地的美食数不胜数，常德酱板鸭就是其中之一。常德当地素有"不吃常德酱板鸭，不懂常德真味道"的说法。

关于常德酱板鸭的起源，还有一个传说：楚昭王时期，郢都有一位名叫石纠的厨师，烹饪技艺高超，所做的菜肴深得楚昭王的喜爱。石纠家住宜城蛮河沿岸，他的母亲在岸边洗衣时不慎跌进河中，幸得几位养鸭人相救。石纠得知消息后，赶忙回家看望母亲，并上门感谢救母亲的恩人。石纠为防止母亲再次发生意外，从此不敢离家。他一边照料母亲，一边谋划为养鸭的乡亲做点什么。他思考许久后，用宫中酱鹅的手艺加工了几只鸭子，拿到集市上去卖。吃过的人无不称赞其味美。后来，楚昭王尝到石纠制作的酱板鸭，更是赞不绝口，并为其赐名"贡品酱板鸭"。

常德酱板鸭起源于何时，并没有确切的史料可以佐证。迄今为止较为可靠的说法当属当地民俗专家曹先辉在《话说常德酱板鸭》一文中的考证：常德酱板鸭的制作技艺在明代已经成熟，当时名为"泰运酱板鸭"。古时没有常德酱板鸭这一名称，此名最早的文字记载见于 1988 年出版的《常德风物大观》中，书中言："常德酱板鸭制作工艺历史悠久，口味独特，并广泛流传常德民间，尤近年来开始走入市场，并被外人所熟知、喜爱，常出现抢购断货之盛景，实为常德不可多得的地方优质特产。"

20 世纪 80 年代初期，武陵区出现了第一家以"常德酱板鸭"命名的手工作坊，专门从事酱板鸭的生产和制作。

常德酱板鸭的制作工艺独特，既遵循了湘菜的加工方法，又融合了酱、烤、卤三种工艺。即先将鸭子以酱腌上色，再以烘烤去脂，最后以卤煮入味。特殊的卤料配制和烘烤脱脂是其最大的特色。

常德酱板鸭香味深厚又绵长，鸭肉口感细腻，肉质饱满、鲜嫩多汁，让人回味无穷。人们在品尝常德酱板鸭的同时，不仅能感受到美食带来的愉悦，还能领略到常德深厚的文化底蕴。

三、潜江竹编

潜江竹编是指利用竹子作为原材料，来编制生活、生产用具，它也是湖北潜江的特色手工艺品。

竹编工艺历史悠久。考古发现，几千年前，竹编物便已成为人们的主要生活用具，例如战国时期出土的文物就有竹席、竹帘、竹扇、竹篓、竹筐等竹编物。

最初的竹编物多为实用器物。到了汉魏唐宋时期，能工巧匠开始制作竹编玩具，诸如竹编龙灯、花灯等。明清时期，竹编工艺开始与漆器工艺相结合，民间出现了许多竹编艺术品，例如珍藏书画的画盒、盛放首饰和胭脂的宝盒及盛放食品的食品盒等。

清朝乾隆年间，是竹编工艺发展的黄金时期。这一时期，传统的竹编器物在生产生活中得到了更广泛的使用，出现了竹编茶几、竹编桌案和竹编橱柜等。这些竹编工艺品不仅实用，而且造型别致，编织精细，色泽古雅，具有独特的审美价值。

　　我国的竹编工艺品主要产于长江以南和四川等多竹的地域，湖北潜江就是其中之一。

　　潜江一带的竹器制作技艺究竟起源于何时，目前尚无从考证。但是根据潜江竹编手工工艺的从事者黄其兰所提供的《黄氏族谱》来看，黄氏先祖黄义安于明建文四年（1402年）已开始从事竹编工艺，并世代相传，一直到今天。由这里的记载可知，潜江的竹编工艺应不晚于明朝洪武年间，至今已有600多年的历史。

　　潜江一带的竹材主要以水竹和桂竹为主，当地的竹编工艺品主要分为编制类和非编制类。编制类的产品主要有生活用具、生产用具和工艺用品三个系列，例如农用的箩、筐、簸箕等，或是捕鱼用的鱼笼、鱼篓等，皆可用竹编工艺制作。潜江竹编的编织技法以平面编织和立体编织为主，强调作品的立体感。手工艺人在编织过程中还巧妙地融入荆楚风格的纹饰，使得

潜江竹编

编织品花式多样，精巧耐用。

　　潜江竹编工艺品是几百年来潜江人改造自然、创造生活的艺术结晶，极具地方特色。

四、端砚

端砚是广东省肇庆市特产，我国四大名砚之一，与甘肃洮砚、安徽歙砚和山西澄泥砚齐名。

端砚主要产于广东肇庆羚羊峡、端溪、烂柯山至北岭一带，也称"端溪砚"。肇庆古时候称端州，"端砚"之名由此而来。

端砚作为四大名砚之首，在我国有着悠久的历史。清朝计楠的《石隐砚谈》记载："东坡云，端溪石，始于唐武德之世。"武德为唐高祖李渊的年号，可见，端砚始于唐朝初年，至今已有 1400 多年的历史了。

古代的文人墨客十分喜爱端砚，故时常作诗咏赞。刘禹锡在《唐秀才赠端州紫石砚，以诗答之》中写道："端州石砚人间重，赠我因知正草玄。"皮日休在《以紫石砚寄鲁望兼酬见赠》中亦写："样如金蹙小能轻，微润将融紫玉英。"

端砚有石质坚实、润滑、细腻的特征，"叩之不响，墨之无声，刚而不脆，柔而不滑，宁水不耗，发墨利笔"。唐朝初年的端砚形制比较简单，表面无任何花样与纹饰，只是文人墨客书写时的工具。从出土的唐代墓葬端砚来看，其形制主要以箕形为主。

到了宋代，文风尤盛，文人对砚台也有了更高的审美要求，端砚雕刻之风开始盛行。宋代端砚的形制较多，据叶樾《端溪砚谱》记载，当时端砚的式样有凤池、莲、荷叶、仙桃、玉台等50多种。不少文人还为砚台著书立说，例如苏易简的《文房四谱》、欧阳修的《砚谱》、苏轼的《东坡志林》等都是关于端砚或者其他砚的著作。

明清时期，端砚的工艺更上一层楼，追求"砚无定式，随心雕刻"，无论是自然界的花草树木，还是鸟兽虫鱼，都可以雕刻于砚台之上，成为装饰。而且砚的形制也更加多样，有苦瓜形、蕉叶形、鼓形、佛手形等。

清末至民国，由于战乱不断、社会动荡，肇庆一带砚石的开采一度废止，制砚业也一度荒废。

中华人民共和国成立后，政府重视端砚的手工技艺，有序组织恢复端砚生产。一方方重见天日的端砚，既古朴又典雅，其形制和花纹代表着不同朝代的审美变化，是中华历史文化的缩影。

五、壮 锦

壮锦与云锦、蜀锦、宋锦并称为中国"四大名锦"。壮锦产自广西壮族自治区，既是广西极具代表性的民族手工艺品，也是中华民族文化的瑰宝。

古时壮族被称为俚族、僚族、土族等，宋朝时更名为僮族，后又改为壮族。壮族是一个历史悠久的民族，壮族织锦同样历史悠久。据考古证实，早在西汉时期，壮族人民已经掌握了织锦技艺。考古学家曾在广西罗泊湾汉墓的七号残葬坑内发现了几块回纹锦的残片，这些证据都表明，壮族人早在 2000 年前便已掌握先进的织锦工艺。

唐朝时，壮族地区出产蕉布、竹子布、吉贝布、班布、都洛布、麻布等，都是当时的贡品。但是真正称得上"锦"的丝织品出现于宋代。宋朝周去非《岭外代答》一书记载："邕州左、右江蛮，有织白绫，白质方纹，广幅大缕，似中都之线罗，而佳丽厚重，诚南方之上服也。"这里提到的白质方纹、佳丽厚重的"緂"就是早期的壮锦。

"壮锦"之名见于明清时期，编写于清乾隆年间的《广西通志》，书中记载："壮锦，各州县出。壮人爱彩，凡衣裙巾被之属莫不取五色绒，杂以织布为花鸟状，远观颇工巧炫丽，近视而粗，壮人贵之。"从这段文字我们不难看出，当时壮锦的发展尤为繁荣，深受人们的喜爱。

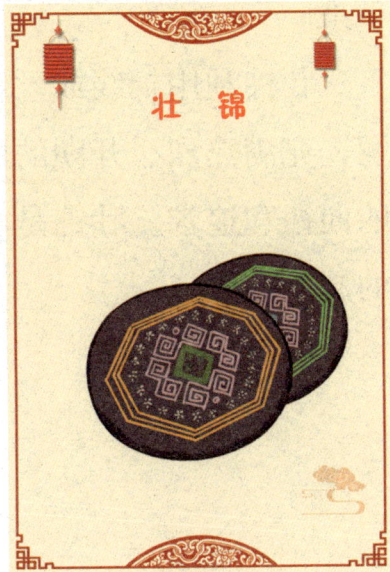

关于壮锦，壮族地区还流传着一个美丽的传说：古时候，在广西的一座大山脚下住着一位勤劳善良的壮族老人。老人与三个儿子相依为命，他擅长织锦，织了一幅美丽的壮锦，上面有房子、菜园，还有牛羊。天上的一位仙女见这幅织锦很好看，便施法刮了一阵风，将织锦吹到了自己的手中。织锦丢失后，老人非常伤心，便让三个儿子去寻找。老人的大儿子和二儿子都半途而废，而小儿子历尽千辛万苦，将织锦带回家中。天上的仙女实在太喜欢这幅织锦了，于是便化作织锦上的绣像，来到老人家中，暗中学习织锦技艺。这位仙女在学会织锦技艺后，又将此技艺教授给当地的壮族人。因此，很多壮族人都学会了织锦，并将织锦技艺一代一代地传承下来。

　　壮锦利用棉线或丝织品编织而成，图案生动，色彩斑斓，充满热烈、开朗的民族格调，体现了人们对美好生活的向往和追求。壮锦是壮族先民智慧的结晶，是壮族独特的文化符号。

六、黎　锦

海南黎锦有悠久的历史，被誉为中国纺织史上的"活化石"。2009 年，联合国教科文组织正式批准"海南黎族传统纺染织绣技艺"进入联合国教科文组织首批急需保护的非物质文化遗产名录。

早在春秋战国时期，黎锦就被写入了史书。《尚书·禹贡》记载："岛夷卉服，厥篚织贝。"这里的"岛夷"指海南岛黎族先民，"织贝"就是织锦。可见，早在 3000 多年前，人们就已经掌握了织锦技艺。

西汉时期，黎锦技艺已较成熟，并成为贡品。《后汉书·南蛮传》记载："武帝末（公元前 87 年），珠崖太守会稽孙幸，调广幅布献之。"这里的"广幅布"指的便是黎锦。

宋元时期，黎锦因色彩艳丽、制作精美闻名遐迩，其丝织工艺已具有很高的水平。当时，黎族妇女拆取中原色丝和吉贝织锦，运用自身的纺织技术，织除了色彩艳丽的棉纺织品。元朝时，黄道婆在海南崖州向黎族先民学习错纱、配色、综线等黎锦制作工艺，并将这种工艺带回了家乡江苏松江（今上海市），传授给了当地百姓，推动了江南一带棉纺织业的发展。

明清时期，黎族棉纺织技术发展到鼎盛时期，并且其有浓厚的地方特色。

黎锦多以棕色和黑色作为背景色，间以青、红、白、蓝、黄等色。具有精细、轻软、耐用等特点。南宋文人范成大赞誉其为"机杼精工，百世千华。"

黎锦的花纹图案极具地方特色和黎族的民族特色。据后世学者研究，黎锦中的花纹图案多达 160 余种，有人形纹、动物纹、植物纹等图案，而且这些动植物多为本地物种。花纹图案大都呈几何图形的样式，极其抽象和简单。黎锦上的图案以青蛙纹最为常见，几乎占纹样总数的 20%。青蛙具有强大的繁殖能力，又有捕捉害虫的本领，因此深受黎族人的崇拜，黎锦上的蛙纹具有典型的生殖崇拜特征。

黎锦制作工艺之所以令人惊叹，在于黎族妇女刺绣，是没有绣样的，她们凭借聪敏的天资和丰富的经验，将生活中所能看见的物像铭记于心，再通过构思设计，用她们的巧手绣制出各式各样的纹样图案。

黎族人民没有自己的文字和语言，他们所有的祭祀劳作、生活风貌、生活习惯都是通过一幅幅黎锦来展现的，黎锦上的图案可以说是一种无声的语言。黎锦堪称黎族人民的史书和"活化石"。

第六章

西北地区特产

一、蓝田玉器

蓝田玉器是以蓝田玉为原材料制作而成的，是陕西省的特产。蓝田玉是我国四大名玉之一，也是我国最早开发利用的玉种之一，素有"玉种蓝田"的美称。

蓝田玉产于陕西省西安市蓝田县，颜色多样，以绿色为主，翠绿如同白菜的嫩叶，因此也有"菜玉"之称。

蓝田玉是我国开发利用较早的玉品之一，考古学家在陕西省西安市蓝田县境内的仰韶文化和龙山文化遗址中，发掘出远古先民使用蓝田玉打造的玉璧、玉戈。这说明，早在 5000 多年前先民们已开始使用蓝田玉了。

蓝田自古出美玉，蓝天玉器早在秦汉时期已比较流行。秦朝时期，秦始皇命李斯采用蓝田玉制作玉玺。《太平御览》引《玉玺谱》记载："秦传国玺，以蓝田水苍玉为之，刻鱼、虫、鹤、蟠、蛟龙，皆水族物。大略取此义，以扶水德。秦得蓝田玉，制为玺，八面正方，螭纽。命李斯篆文，以鱼鸟刻之，文曰：'受天之命，皇帝寿昌。'或曰：'受命于天，既寿永昌'。"

秦汉时期的墓葬中也频频出土蓝田玉器。无论是蓝田长公主墓中出土的铜镂玉衣，还是李后乡辛庄出土的玉琀，抑或是汉武帝茂陵中出土的大玉铺首，这些都表明蓝田玉器的雕刻工艺已较为成熟。

蓝田玉器

隋唐时期是蓝田玉器发展的鼎盛时期，随着王朝政权的统一与经济的繁荣，蓝田玉器的发展也进入到一个新的阶段。此时，蓝田玉已成为朝廷的贡品，并且由开采到加工，形成了一套完善的生产工艺。

这一时期，蓝田玉主要用于制作妃嫔的装饰品玉步摇、达官贵族的玉带，以及各种乐器。例如《杨贵妃外传》有载："太真（杨贵妃）善击磬，上（唐玄宗）令采蓝田绿玉制成一磬，备极工巧。"

由于唐人对蓝田玉的大量使用和青睐，不少诗人为蓝田玉执笔题诗，例如杜甫的《九日蓝田崔氏庄》中有"蓝水远从千涧落，玉山高并两峰寒"的诗句；李商隐的《锦瑟》中也有"沧海月明珠有泪，蓝田日暖玉生烟"的诗句。唐朝诗人写下的这些诗句，也使蓝田玉器名扬天下。

由于唐朝皇室和达官贵族对蓝田玉的巨大需求，致使蓝田玉被过度开采，至唐末，古玉玉源近乎枯竭，蓝田玉器随之湮没在历史长河中。

20世纪70年代，地质工作者在蓝田县重新发现蓝田玉矿带。此后，当地人充分挖掘蓝田玉资源，使得蓝田玉器重焕光彩。如今，蓝田玉器的形制更为广泛，茶具、酒具、玉枕、玉镯等都可以用蓝田玉雕刻而成。蓝田玉器已成为玉器中的"香饽饽"，受到越来越多人的青睐。

二、甘谷刺绣

甘谷县位于甘肃省天水市，甘谷的刺绣非常有名，是当地独具特色的工艺制品。甘谷刺绣吸收了苏绣、湘绣、蜀绣的绣法，并结合当地的民间风俗，形成了巧拙相济的风格。

我国的刺绣历史悠久，相传早在三皇五帝时期便有"舜令禹刺五彩绣"。目前，我国较早的刺绣实物，是1974年陕西宝鸡茹家庄西周墓中出土的刺绣印痕。据考古学家推算，刺绣在我国已有两三千年的历史。刺绣作为一种古老的手工技艺，在发展过程中产生了苏绣、湘绣、蜀绣、粤绣等四大名绣。

除了中国四大名绣，素有"华夏第一县"之称的甘谷也有一门独特的刺绣技艺，名为甘谷刺绣。甘谷刺绣来源于民间，以绣工精细著称。过去，农村的姑娘在农闲时常聚在一起，手拿绣针一起刺绣，相互切磋技艺。在甘谷县，姑娘们的绣品不仅可以作为她们成婚时的嫁妆，也可以作为礼物赠予亲人与朋友。甘谷刺绣采用画绣结合的方式，先用纸剪成花样贴在锦缎上，然后再用针刺绣。后来，当地人多用铅笔、彩笔等直接将花样描在锦缎上，然后再绣，有时也会边画边绣。

甘谷刺绣的花纹图样大多呈写实风格，以山水、花鸟、树木、动物为主。不同的绣样表达的内涵是不同的，例如"牡丹"图案寓意幸福美满，"喜鹊闹梅"图案寓意喜上眉梢，"鱼儿钻莲"图案寓意绣娘芳心暗许，"龙凤合欢"图案寓意家庭和睦……

甘谷刺绣中的绣花鞋垫是当地农家女子向心上人表达情意的礼物，一双双鞋垫上，或绣制含情脉脉的鸳鸯，或绣制温顺的梅花鹿，抑或绣制凌寒独自开的梅花。这些带有刺绣图样的鞋垫是甘谷农家女子向往爱情，并勇敢追求爱情的载体。

枕顶也是甘谷刺绣的一大特色。当地女子将枕头做成长方形或扁方形的，为了布枕美观，她们在枕头两侧缝上

绣有图案的正方形或长方形堵头，从而产生了颇具特色的刺绣艺术——枕顶。枕顶刺绣的图案多种多样，有花卉鸟兽、戏剧人物、神话传说等。在色彩上，一般以红、黑为主，并有红配绿、黄配紫、蓝配橙等要求。

甘谷刺绣是我国的传统技艺，以精细的绣工和独特的风格著称。甘谷人通过一针一线的刺绣，传承了古老的技艺和文化，同时也创造了精美的艺术品。

三、贺兰石

贺兰石为宁夏贺兰山一带的特产，也称"吉祥石"或"碧紫石"，为宁夏五宝之首。贺兰石名扬天下，有宁夏"蓝宝"之称。

宁夏有"五宝"，分别是"红宝""黄宝""蓝宝""白宝""黑宝"。"红宝"指的是枸杞，"黄宝"指的是甘草，"蓝宝"指的是贺兰石，"白宝"指的是滩羊皮，"黑宝"指的是发菜。其中，身为"蓝宝"的贺兰石，也可称为"兰宝"。

贺兰石形成于 13 亿年前，因地壳运动、泥沙沉积形成，属于水成岩。它结构均匀、质地细腻，紫绿两色天然交错，斑斓秀丽。

贺兰石原产自贺兰山的笔架山。据考证，贺兰石曾三易开采地：清朝乾隆年间在笔架山的前沟开采；清朝末年人们因在笔架山的后沟发现了优质矿源，又将开采地转移到后沟；如今，贺兰石的开采地转移到了贺兰山山脊处（这里的石质更为优质，蕴藏量也更大）。

　　关于贺兰石，民间还流传着一个美丽的爱情传说：古时贺兰国有一位名叫贺兰的公主，她不仅貌美如花，而且心地善良。她不顾王室的反对，与卑微的武士阿拿结为夫妻。后来，阿拿为了抵御外族的入侵，战死沙场。贺兰公主日夜守护在丈夫身边，虔诚祈祷，流下的眼泪居然化作了一块块彩色的石头——贺兰石。

贺兰公主的祈祷感动了上天，阿拿起死回生，自此二人幸福地生活在一起。为了纪念贺兰公主与阿拿的爱情，当地人称贺兰石为"爱情石"或"吉祥石"，将它视为爱情的信物和幸运的象征。当地还流传着这样一种说法：如果有人能够将七块贺兰石叠起，就能够遇到自己命中注定的缘分。

　　贺兰石用途广泛，但主要用来制作砚台。最早关于贺兰石砚的记载见于乾隆四十五年（1780年）的《宁夏府志》。该书"地理山川"一节描述："笔架山在贺兰山小滚钟口，三峰矗立，宛如笔架，下出紫石可为砚，俗呼贺兰端。"雕刻砚台时，工匠们先要仔细观察一块贺兰石石料，然后反复构思推敲，方才下刀。先顺纹理走刀，粗凿重刻，根据所绘纹样或浮或镂，雕出轮廓层理，再精雕细琢。

贺兰石砚因具有发墨、存墨、护毫、耐用的优势，深受清朝文人的喜爱。清朝末年，我国的书画界流传着"一端二歙三贺兰"的说法，这里的"端"指的是端砚，"歙"指的是歙砚，贺兰指的就是贺兰石砚了。贺兰石砚得以与端砚、歙砚两大名砚齐名，足见其在砚品中的地位。

贺兰石也被用来雕刻比较大的石刻艺术品。在中华人民共和国成立前，贺兰石石刻几近消失。中华人民共和国成立后，政府重视石刻等民间艺术的发展，贺兰石石刻重见光明。经过工匠的努力和推陈出新，不仅雕刻内容和形式有了新的飞跃，技艺也日益纯熟，显示了相当高的艺术造诣。以贺兰石雕制的大幅竖屏，陈列于北京人民大会堂中，成为贺兰石石雕艺术的精品。除此之外，贺兰石还可以被雕刻成精美的印章、镇纸、笔架、台灯、饰品等。

如今，贺兰石制品受到了越来越多人的青睐，然而贺兰石作为一种不可再生资源，并不是取之不尽、用之不竭的，为了更好地保护贺兰石资源，政府要求每年开采原石不得超过二十吨，这也让贺兰石越发珍贵。

四、和田玉

和田玉，狭义范畴特指新疆和田地区出产的玉石，广义的指软玉。和田玉是新疆的特产，它与陕西蓝田玉、辽宁岫玉和河南独山玉并称"中国四大名玉"。

新疆的玉石可以说是中国玉石中的翘楚，而新疆玉石又以和田玉名声最响。《千字文》有关于和田玉的叙述："金生丽水，玉出昆冈。"这里提到的昆冈玉就是新疆和田玉。

和田玉因产于新疆的昆仑山一带，也被称为"昆山玉"。新疆和田在历史上是"于阗国"所在地，和田玉也曾被称为"于阗玉"。清朝光绪九年（1883年），清政府在这里设立和田直隶州，产自此地的美玉才被命名为"和田玉"。

根据《新疆图志》的记载可知，和田玉有"绀、黄、青、碧、白数色"，其中以和田白玉最为珍贵，西汉文学家东方朔赞誉其为"白玉之精"。和田白玉质地细腻、纯白无瑕，颜色与羊脂基本无异，因此又名"羊脂玉"。

和田玉的历史悠久，据出土文物证实，新石期时代人们已经开始使用玉器了。只不过玉器制作比较粗糙，没有多少价值。考古学家曾在内蒙古赤峰市敖汉旗兴隆洼文化遗址和辽宁阜新市查海文化遗址中发现十余件玉器。经鉴定，这些玉器的材质大多为和田玉，这也是我国最早的和田玉出土文物。

商周时期的墓葬中也出土过大量的和田玉。考古学家在河南安阳的殷墟遗址发掘了 1200 余件玉器，仅妇好墓中就有 755 件玉器，这些玉器绝大多数都为和田玉，并且造型和纹饰较为丰富。这说明在商周时期，和田玉已经被广泛应用于上层社会。

和田玉

陕西沣西张家坡西周遗址、湖北随县战国初期曾侯乙墓、河北平山战国时期中山国王及贵族墓都出土了和田玉玉器。这说明春秋战国时期，和田玉已被广泛使用。这一时期，受儒家思想文化的影响，和田玉玉器种类较多，有璧、琮、圭、玦、佩、璜、管、珠等几十个品种，有学者根据用途将它们分为礼仪用玉、丧葬用玉、装饰用玉、实用玉器等四大类。这一时期的玉器制作更加精美，造型也更加多样。

两汉和魏晋南北朝时期，和田玉从上层社会专用玉，逐渐流入民间，以装饰和观赏为主的玉器变得注重实用性。

隋唐时期，大量的和田玉被输入到中原和江南地区，当时的粟特商人还向唐代皇室进贡白玉环、玉璧等物。这一时期，玉器图案更加复杂，雕刻的纹路也非常细腻鲜明。

两宋时期，使用和田玉的规模超过了唐代。据《宋史·于阗传》记载，于阗经常向宋朝朝贡和田玉。统治中国北方的辽、金两朝，继承了中原王朝用玉的传统。上层统治者大量使用和田玉，普通人着装也使用玉带、玉逍遥。

元明清时期，玉器用量大增，工艺手法也发展到极致，人们日益崇尚和田玉。据说乾隆皇帝二十五方玺印中有二十三方都是和田玉的。皇宫中还有大量以和田玉制作的陈设，如山子、如意、各式仿古玉器、花插、插屏，以及人物、动物、植物瓜果造型的小文玩等，品类繁多，使用非常普遍。

　　中华人民共和国成立后，新疆和田玉被国家地矿部和中国宝玉石协会联合评选为"中国国石"，并获得了"美玉"的称号。

第七章

西南地区特产

一、普洱茶

　　普洱茶是云南省的特产，主要产自西双版纳、临沧、普洱等地区。普洱茶历史非常悠久，早在武王伐纣时期，云南先民濮人就曾将此茶献给周武王。

　　普洱茶是我国十大名茶之一，是云南的名茶。关于云南一带食用茶叶的历史记载最早见于三国时期吴普的《本草·菜部》，书中言："苦菜，一名茶，一名选，一名游冬，生益州川谷山陵道旁。"这里提到的"茶"为茶的古称，而"益州"指的是汉武帝时期设立的益州郡，在今云南省境内。由此可知，早在西汉时期，云南境内的先民已开始食用茶叶。

　　关于普洱茶究竟起源于何时，至今都没有准确的答案。据清朝乾隆年间檀萃撰写的《滇海虞衡志》记载："茶山有茶王树，较五山独大，本武侯遗种，至今夷民祀之。"这里提到的"武侯"指的是三国时期的诸葛亮，"五山"

则指的是当地的五大茶山。这是云南地区栽培普洱茶的明确记载，距今已有 1700 多年的历史。

当地人之所以会将普洱茶与诸葛亮相联系，是因为一个传说。相传诸葛亮在讨伐孟获时，带领军队深入密林，因密林中瘴气太重，很多将士感染了疾病。当地的村民告诉诸葛亮喝茶可以治病，于是诸葛亮便让将士喝茶，将士们果真痊愈了。后来，他们成功擒住了孟获，大获全胜。因此，当地民众将诸葛亮奉为"茶祖"，每年都进行祭祀。

唐朝时期，云南地区已经开始生产普洱茶。唐朝咸通三年（862 年）樊绰出使云南，他在《蛮书》中写道："茶出银生城界诸山，散收，无采造法，蒙舍蛮以椒姜桂和烹而饮之。"这里提到的银生城界诸山所产的茶正是普洱茶。而且在唐朝时期，普洱茶已经成为贸易商品，据《滇海虞衡志》中"则西蕃之用普茶已自唐时"的记载可知，云南人已经开始在和吐蕃进行茶叶贸易了。

普洱茶历史悠久，但"普茶"之名最早见于明朝的典

籍中。明朝人谢肇淛在《滇略》一书中叙述："士庶所用，皆普茶也。"明朝至清朝中后期是普洱茶发展的全盛时期，并且地位极高。《新纂云南通志》记载："普洱之名在华茶中所占的特殊位置，远非安徽、闽浙可比。"以"六大茶山"为主的西双版纳茶区，年产茶量达八万担，足见普洱茶的兴盛。

普洱茶历经千年的发展，无论在国内还是世界上都享有极高的声誉。如今，普洱茶更是云南省的代表性特产和闪亮名片。

二、茅台酒

茅台酒是贵州仁怀市的特产，在全世界都享有盛名。它与苏格兰威士忌、法国科涅克白兰地并称为世界三大蒸馏名酒。茅台酒始于西汉，兴于唐宋，盛于近代。

贵州茅台酒以"酱香突出、幽雅细腻、酒体醇厚、回味悠长、空杯留香持久"等特点，享誉国内外。茅台酒酒香醉人，有人赞誉其为"风味隔壁三家醉，雨后开瓶十里芳"。人们将茅台特有的酒香称为"茅香"。贵州茅台之所以具有特殊的酒香，是因为它传统的酿造工艺。

茅台酒的酿造可谓是极其不易，它以当地的优质糯高粱为原料，再用小麦制成高温曲，经过堆积、蒸酒、轻水分入池等工艺后，再经过两次投放原料、九次蒸馏、八次发酵、七次取酒、长期陈酿，方能制成。

　　早在 2000 多年前的西汉时期，贵州茅台镇一带的
"枸酱酒"就得到了汉武帝的盛赞。据《史记》记载，建
元六年（前 135 年），汉武帝命唐蒙出使南越国（今茅台
镇一带），南越国国君以当地特产枸酱酒盛情款待唐蒙。
唐蒙觉得这种酒口感不错，便将此酒带回长安，献给汉武
帝，汉武帝盛赞枸酱酒"甘美之"。此后，枸酱酒便一直
作为朝廷贡酒。西汉时期的枸酱酒就是最初的茅台酒。

　　茅台酒真正以"茅台"之名
登上历史舞台，是在清朝年间。
康熙四十三年（1704 年），茅台
村杨柳湾"偈盛烧房"潜心研究
酿造工艺，使用赤水河河水酿造
酱香酒，并将这种酒正式命名为
"茅台酒"。

　　乾隆以后，随着赤水河道的
疏浚，黔北一带成为重要的水运
交通要道。便利的水运，使得茅
台酒的生产和销售更加兴盛。据
《旧遵义府志》记载，道光年间"茅台烧房不下二十家，所
费山粮不下二万石"。

　　清朝学者张国华在《竹枝词·茅台村》一诗中描述了

茅台酒畅销的景象。诗言："一座茅台旧有村,糟邱无数结为邻。使君休怨曲生醉,利锁名缰更醉人。于今好酒在茅台,滇黔川湘客到来。贩去千里市上卖,谁不称奇亦罕哉?"

清朝灭亡以后,由于战争频繁,茅台酒酿造业日益凋敝,仅剩成义酒坊、荣和酒房、恒兴酒坊三家,发展前景堪忧。中华人民共和国成立后,当地政府将成义、荣和、恒兴三家酒坊合并,成立了国营茅台酒厂。茅台酒几经波折,终于焕发出耀眼的光彩。

三、蜀　绣

蜀绣是四川成都的特产，也称"川绣"，与苏绣、湘绣、粤绣并称"中国四大名绣"。蜀绣历史最早可追溯到三星堆文明时期，东晋以来与蜀锦并称"蜀中瑰宝"。

蜀绣是我国传统的民间工艺，因流行于巴蜀地区，所以得名蜀绣。是中国国家地理标志产品。

蜀绣的起源可追溯到三星堆文明时期，据《复原三星堆青铜立人龙纹礼衣的研发报告》阐述，考古学家曾在三星堆遗址中发现了一尊有龙纹服饰的青铜塑像，据考证这尊塑像为蜀地君王，而他身上的龙纹服饰则为蜀地刺绣。

蜀地气候宜人，自古就有养蚕的传统。晋代史学家常璩《华阳国志·蜀志》记载："有蜀侯蚕丛，其目纵，始称王。"《荣县志》记载："蚕以蜀为盛，故蜀曰蚕丛，蜀亦蚕也。"蜀地人善于养蚕，丝织技术发达，这为蜀绣的发展提供了雄厚的物质基础和产业环境。

蜀绣

汉朝时期，蜀绣已名满天下，蜀地成为当时重要的丝织品产地。汉廷为了对蜀绣、蜀锦等手工艺品进行管理，还在这里专门设置了"锦官"一职。蜀锦、蜀绣当时作为贡品，朝廷常将其赏赐有功之臣。汉末三国时，蜀国把它当作珍贵丝织品，经常用它交换战马和其他物资。《华阳国志·蜀志》中有："其宝则有璧玉、金、银、珠、碧、铜、铁、铅、锡、赭、垩、锦、绣……"，将它与"金、银、珠、玉"并称为蜀中之宝，足见其价值。

唐宋时期的繁荣昌盛使蜀绣快速发展，蜀绣无论是在工艺和产量上，还是在精美程度上，都有了很大提升。唐朝诗人曾写诗赞美蜀绣，例如李白的"翡翠黄金缕，绣成歌舞衣"，温庭筠的"新帖绣罗襦，双双金鹧鸪"。宋朝的皇亲国戚、达官显贵皆以穿着蜀绣为时尚。

明清时期，蜀绣的发展达到了巅峰，一群蜀绣手艺人

在民间成立了"三皇神会"的组织，这标志着蜀绣开始从
以家庭为单位的小作坊转向规模化生产。清光绪年间，朝
廷在成都一带成立了"劝工局"，专门管理蜀绣的生产与
销售，《成都通览》记载："劝工局所出绣品为天下无双之
品，以东洋之绣较之，出于东洋十倍矣。"

蜀绣的原材料主要为软缎和彩丝，绣品中不仅有枕
套、靠垫、手帕、衣服等小件，也有气势恢宏的巨幅画
屏，这些绣品都是观赏性与艺术性兼备的精美工艺品。

蜀绣的针法多变，是四大名绣中针法最多的绣种，据
统计，蜀绣的针法共有 12 大类、130 多种，常用的针法有
晕针、铺针、滚针、截针等。蜀绣针法讲究"针脚整齐，
线片光亮，紧密柔和，车拧到家"，手艺人常用晕针来体
现事物的质感，如鲤鱼的灵动、山川的壮丽、花鸟的多
姿……无一不可在软缎上栩栩如生地展现出来。

蜀绣具有针法独特、变化丰富、富有立体感的特点，
是川西一带民间的特色传统工艺品，更是我国独具特色的
传统艺术瑰宝。

四、荣昌折扇

荣昌折扇是重庆市的特产，也是我国著名的传统手工艺品。诗人瞿佑曾写《咏摺叠扇》一诗称颂荣昌折扇："开合清风纸半张，随机舒卷岂寻常。金环并束龙腰细，玉栅齐编凤翅长。偏称游人携袖里，不劳侍女执花傍。宫罗旧赐休相妒，还汝团圆共夜凉。"

荣昌位于重庆渝西和四川内江的交界地带，古时称昌州，明朝洪武年间更名为荣昌，意为繁荣昌盛。荣昌的特产很多，折扇便是其中之一。

荣昌折扇与苏州绢绸扇、杭州书画扇并称"中国三大名扇"。据《荣昌县志》记载："闻折扇始于永乐中，因朝鲜进贡折扇，上喜其舒展之便，命工如式为之，邑中职此者不下千家万户。每年春旬各郡县客商云集斯，贩往它处发卖。"由此可知，折扇是于明朝永乐年间由朝鲜传入的，因舒展自如，深受人们喜爱。

荣昌折扇在清朝顺治年间作为贡品，进献朝廷。史学家谈迁在《枣林杂俎》中记载："顺治十二年（1655年），皇上命四川布政司增贡折扇赏赐妃嫔，并开列折扇式样如龙凤舟船扇、七夕银河会扇等。近查蜀地之扇，首推荣昌，别无二地。"

荣昌折扇发展至今，种类尤为多样，由原来的正棕、全楠、皮底、硬青、串子五大类一百五十多个品种增至十大类（新增全棕、檀香、绸面、羽毛、胶质）三百多个花色品种。其中，有一种名为全棕黑纸扇的扇子备受人们的青睐。黑纸扇是由墨烟和桐子膏水调和后刷面而成，具有良好的防水性。即使将它完全浸入水中也不湿分毫，所以有"晴天一把扇，雨天是把伞"之美誉。

荣昌折扇

绸布扇也是荣昌折扇中极为受欢迎的一种，它用丝绸做扇面，这种材质的扇面与纸扇相比更加耐用。绸布扇的种类也有很多，有舞蹈扇、全棕黑绸扇等。

此外，夏布折扇也是荣昌折扇的代表性产品。夏布是一种纯手工制作的苎麻布，它的历史比荣昌折扇还要久远。因为夏布是纯手工制作的，所以夏布折扇的价格比其他扇子高一些。

2008 年，"荣昌折扇"被列入第一批国家级非物质文化遗产扩展项目名录，制扇技艺受到重视，折扇也畅销国内多地，并且还出口到印度、泰国、日本、韩国等国家，深受中外顾客的喜爱。

五、西藏藏红花

藏红花原产自西班牙，在希腊、法国、伊朗等国有着悠久的栽培史。元明时期，藏红花大量传入我国西藏，后从西藏传入内地。藏红花有活血通络的作用，是西藏地区最具代表性的特产。

藏红花产自海拔 4000 米左右的高寒地区，也有"番红花"和"西红花"之称，是一种驰名中外的药材。藏红花还是一种高档的香料和天然的染料。

藏红花之名虽然有"藏"字，但它并非起源于西藏，考古学家在古希腊克诺索斯王宫遗址的壁画上发现了最早人工栽培藏红花的记录。李时珍的《本草纲目》有"藏红花即番红花，译名泊夫兰或撒法郎，产于天方国"的记载，其中，"天方国"指的是波斯，即现在的伊朗。那藏红花究竟是如何漂洋过海传入我国西藏的呢？

藏红花是汉代时通过丝绸之路进入中国的。元朝时期，大批波斯商人来中国经商并扎根于此，他们把藏红花当作佐料加入食物中。中国人把由波斯引进的"红花"称为"番红花"。李时珍在《本草纲目》中也记载了元朝人食用藏红花的情况："番红花……元时以入食馔用。"清朝时期，藏红花主要从克什米尔地区经由西藏贩运进中国内地，故内地人就把经西藏来的"红花"称为"藏红花"。当时，藏红花是西藏进献朝廷的贵重贡品。

藏红花因其独特的香气，最开始的时候被用作香料。古埃及的统治阶层在沐浴时会加入藏红花，女性用它化妆来增加香味；古希腊与古罗马的贵族出入一些特定场所时会随身携带藏红花，古罗马的统治者甚至要求在其巡行罗马城时，在街道上铺满藏红花。

随着时间的演变，藏红花的用途越来越广，如染料、调味、药用等。藏红花的花蕊虽然是红色的，但是用水冲泡后却呈明亮的黄色，曾先后作为波斯王室和印度王室的王室专用色。后来随着佛教的兴盛，佛教的袈裟也开始用这种明黄色染制。以藏红花为染

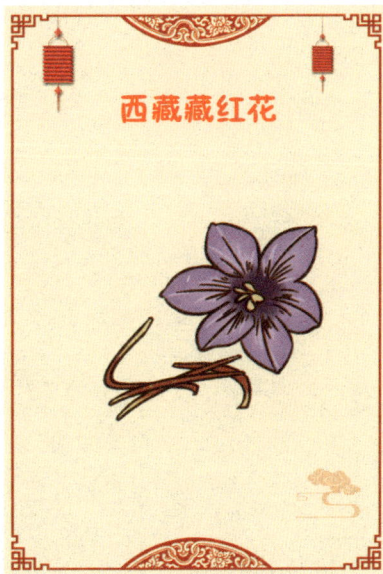

料制成的袈裟，色泽纯正，长久不褪色。

藏红花还是一种上好的药材，有治疗疾病和保健的功效，素有"宁舍黄金万两，不舍红花一朵"的说法，我国多部医书中都记载有藏红花的疗效。李时珍在《本草纲目》中写道：藏红花"活血、主心气忧郁，又治惊悸"，具有调节血液循环、凉血解毒、养颜化瘀、抗衰老的功效。

六、天　珠

天珠是西藏的特产，也称"天降石"，《藏汉大辞典》将其解释为"亚玛瑙，猫睛石，一种宝石，俗称九眼珠。入药能治脑溢血"。

天珠呈圆形或椭圆形，上面具有一定的纹饰，纹饰主要由点、线、面、圆圈、折线等元素构成。

"天珠"是现在比较通用的名称，在不同历史阶段它有着不同的称呼。天珠在唐朝时期被称为"瑟瑟珠"，《新唐书》记载："吐蕃妇人辫发，戴瑟瑟珠，云珠之好者，一珠易一良马。"到了清末民初时期，天珠被称为"猫眼石""九眼勒子"。到了20世纪90年代，人们才开始使用"天珠"这一名称。

西藏先民认为，天珠是神创造的超自然之物。关于天珠的来源，还流传着几个古老的神话。一个神话是：在古代，天珠是神仙佩戴的装饰物，每当珠子破损或稍有损坏，神仙就把它们抛撒到人间。另一个神话是：很久很久以前，有一个人在高山之巅见到一个虫子，他用帽子扑它并将它罩住。当他挪开帽子时，虫已经石化了，成了一粒天珠。还有一个神话是：格萨尔王在冈底斯山附近，从金石青蛙处得到藏宝图，从白红黄蓝绿五色湖的砗磲、青白玛瑙、松石、青金石、红宝石的五个宝盒中获得百万天珠。格萨尔王将一部分天珠献祭给神山圣湖，一部分奖赏给随军将士，然后将其余大部分埋在地下，留给后世子孙，并交由地神看管。

天珠究竟起源于何时，目前还没有确切的史料证明。但2014年考古学家曾在西藏阿里地区札达县西郊发现一处距今1800余年的象雄古国的墓地，据考证，当时象雄国的贵族有佩戴天珠的习惯。因此，可以肯定的是，天珠早在象雄古国时期便已存在，历史极为悠久。

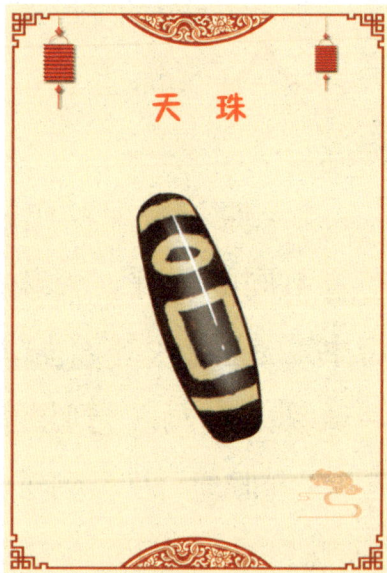

天珠

唐朝贞观十五年（641年），文成公主入藏时，带了一尊从印度请来的佛像作为陪嫁。

这尊佛像被运到西藏后，身上被藏族人民镶嵌了各式各样的天珠，包括九眼天珠、三眼天珠、二眼天珠等，如今这尊佛像还供奉在拉萨大昭寺的释迦殿中。可见唐朝年间，西藏天珠的样式已较为多样。

藏族人民对天珠有着虔诚的信仰，他们认为天珠的内部结构具有天然的磁场，有着不可思议的感应，因此他们多将天珠随身佩戴，以求消除业障、获得福报。天珠还是藏族姑娘的成年礼和出嫁时的必备饰品，由天珠品相的好坏和数量的多寡，可以看出一个家庭的富裕程度。藏族人还认为天珠是一种治病的良药，藏医经典《四部医典》中就有关于天珠药用功效的记载。

近年来，人们重新审视有着千年历史的天珠，对其重新进行设计和加工，不仅赋予它装饰、观赏的功能，更让它身价倍增。

第八章

港澳台地区特产

一、元朗老婆饼

元朗老婆饼，也称港式老婆饼，是香港著名的糕点，也是香港的特产。老婆饼是广东的传统饼食，传入香港后，经过改良，外皮酥脆，内馅爽口。

元朗老婆饼是香港的传统糕点，最初起源于广东，其制作历史可追溯到清朝时期。清朝光绪年间，广州有一家糕酥馆，专门制售各种糕点，其中莲蓉馅的酥饼最受欢迎。后来，这家店改名为连香楼，兼售早茶。宣统二年，翰林学士陈如岳被朋友邀请到店里吃酒宴，他品尝莲蓉酥饼后赞赏不已，一时兴起，为店家书写招牌，并将店名改为莲香楼。

莲香楼里有一名潮州的点心师傅，他回家探亲时，让老婆做一大包冬瓜角，带去广州，给其他师傅品尝。大家吃了这种冬瓜蓉馅的点心，都连声称赞。后来，酒楼的师傅决定用冬瓜蓉做糕点，他们经过多次研究，最终获得成功。他们用小粒糖冬瓜和冰肉（糖制肥猪肉）代替新鲜冬瓜蓉，熟糯米粉造馅，外包水油皮，然后在上面涂一层蛋液，入炉烤制。烤成的饼，皮薄馅厚，馅心滋润软滑，入口即化，味道甜而不腻，大受欢迎。为了表达对这位太太的敬意，师傅们就把这种饼称为老婆饼。

关于老婆饼，还流传着两个传说。一个传说是：很早很早以前，有一对恩爱夫妇，因家里贫困，无钱给病重的父亲治病，媳妇只好卖身到地主家做苦力，挣钱给公公治病。在家的丈夫并没有气馁，他研制出一种味道奇好的饼，最终以卖饼赚的钱赎回了妻子，二人重新过上了幸福生活。

另一个传说是：明朝时期，有一对新婚夫妇，他们过着平凡而幸福的生活。一年，丈夫染上了重病，为给他看病，家中的积蓄都花光了。妻子为了救治丈夫，卖掉了自己所有的首饰，但仍无法负担长期治疗的医药费。万般无奈之下，妻子决定做点小买卖维持家用。于是，她用家中的糯米、砂糖和面粉等制成酥皮，又将馅料裹在酥皮中，烘烤至金黄酥脆，然后拿到外面去出售，以筹集医药费。这种点心不仅美观，而且香甜可口，很快就赢得了人们的好评。人们纷纷前来购买，他们不仅赞叹饼好吃，而且称赞这位救夫的妻子，于是大家就把她做的饼称为老婆饼。

元朗老婆饼是从广东传到香港的，制作工艺基本相同，但在口味、外观等方面有所改良。元朗老婆饼口感酥脆，内馅为细腻的黑芝麻糊，外形扁圆呈焦黄色，散发着浓郁的香味。它的制作过程非常严谨。工匠需要精心调配材料比例、控制时间和温度，才能制作出口感完美、味道醇香、色泽诱人的饼。经过多年的发展，元朗老婆饼的口味更多了，有豆沙、莲蓉、枣泥、花生等多种口味。

现在，元朗老婆饼不仅作为旅游纪念品销售，也成为香港文化的代表之一！

二、礼记饼家

礼记饼家的糕点是澳门地区的风味特产，其凭借独特的制作工艺，在中国大陆、港澳台，乃至欧美等国家和地区久负盛名。

礼记饼家始创于 20 世纪初，历经 100 多年的发展，从最初的街边小店铺成长为如今驰名中外的百年老字号。

礼记饼家是以做杏仁饼起家的。关于杏仁饼还有一个传说：元末明初，元朝的统治者收取各种赋税，人民生活困苦不堪，全国各地起义不断，其中声势最大的是朱元璋统领的起义。起义初期，由于战乱纷纷，粮食不够吃，军队还要东奔西跑地打仗，为了方便军士携带干粮，朱元璋的老婆马氏将小麦、绿豆、黄豆等磨成粉，然后做成饼，分发给军士。这样不仅携带方便，还可以随时随地吃。后来，有人用绿豆粉、猪肉和馅来做饼，非常好吃。礼记杏仁饼就是从这种绿豆饼发展而来的，它的主要原料是绿豆粉，只因外观像杏仁，所以叫杏仁饼。

礼记饼家在原有杏仁饼的基础上，大胆进行创新，创制出上百种不同口味的杏仁饼，其中，礼记杏仁粒杏仁饼最具有代表性，里面杏仁一粒粒的，口感、味道都非常好。

礼记饼家是在中华人民共和国成立后迅速发展的。他们通过不断参与世界各地的推广活动，来打开自己的知名度，无论是美国旧金山、法国巴黎的国际食品展览会，还是香港的工展会，都可以看到他们的身影。礼记饼家将带有中国特色的澳门食品文化传播到了世界各地。

1999 年澳门回归祖国以后，内地赴澳门旅游的人数不断增加，礼记饼家的食品也成了游客们青睐的"澳门特产"。

礼记饼家的食品共有七大类别，分别是杏仁饼、花生糖、蛋卷、酥糖、猪油糕糖、特色糕点和月饼。提及礼记饼家的特色招牌，杏仁饼一定榜上有名。在中国，如果要问哪里的杏仁饼最好吃，答案一定是澳门。在澳门，如果问哪里的杏仁饼最好吃，那一定是礼记饼家。

如果有机会到澳门游玩，一定要尝一尝礼记饼家的糕点。即使没有机会去澳门，我们也可以吃到礼记饼家的糕点，因为如今礼记饼家的销售网点已经遍布全国，上海、北京、河北、天津、四川等省市区都有礼记饼家的门店。

礼记饼家不仅是一个备受认可的美食品牌，更是澳门一种特有的文化。

三、莺歌陶瓷

莺歌位于台湾新北市，盛产陶瓷，素有"台湾景德镇"的美称。莺歌陶瓷为台湾地区的特产，深受海内外消费者的喜爱。

在台湾的尖山埔路上，有一处极具特色的文化商业街，名为莺歌陶瓷老街，这里是莺歌制陶业最早的聚集地。关于莺歌陶瓷的故事，也要从这里说起。

关于莺歌陶瓷的历史，可追溯到 1805 年，也就是清朝嘉庆十年。当时，福建泉州吴氏一族来到台湾，他们惊奇地发现莺歌一带有适合制作陶瓷的黏土，并且有足够多供烧窑所需的柴薪，于是便在此地开窑制陶。

莺歌陶瓷的发展可以说经历了萌芽期、蓄势待发期、蓬勃发展期和转型期四个阶段。

咸丰三年（1853 年），莺歌陶瓷在尖山埔街种下了一颗种子，悄然生根发芽。由于处于发展初期，此时的莺歌陶瓷以粗制的生活类陶瓷为主，水缸和陶瓦是这一时期的主要器型。由于受生产技术水平限制，这一时期的陶瓷往往胎体较粗、釉色暗淡。

随着莺歌人制陶技术的进步，陶瓷的胎质越发细腻，釉色日渐明亮。莺歌生产的器型也日益多样，主要有碗、盘、大缸等。这是第二阶段——莺歌的蓄势待发期。

第三个阶段为蓬勃发展期。莺歌陶瓷在这一阶段的发展主要体现在两个方面：一是陶瓷生产的机械化程度越来越高，这大大提高了生产效率，也提升了陶瓷的质量；二是艺术陶瓷的快速发展，器型和釉色不断创新，风格也渐趋自由与奔放。

第四阶段是莺歌陶瓷的转型期。这一阶段开始由制造粗制型陶瓷向精细型陶瓷转变，并且以生产餐具陶瓷、建筑陶瓷和卫生陶瓷等大宗产品为主。此外，艺术类陶瓷在这一阶段得到了巨大的发展，装饰陶瓷、仿古陶瓷等逐步步入正轨。

近年来，受台湾当地经济发展的影响，莺歌的陶瓷产业逐

莺歌陶瓷

渐衰落，很多陶瓷从业者都在尝试转行，寻求新的出路。生活陶艺的流行让莺歌的陶瓷从业者看到了复兴陶瓷产业的机会。于是，他们开始开发新的釉色，将新的釉色与传统造型相结合，使独具特色和品质良好的莺歌陶瓷再现辉煌。

　　莺歌陶瓷对于莺歌人而言并非是简单的工艺品，而是他们的一种成长记忆。莺歌陶瓷历经 200 多年的发展，既到达过顶峰，也曾陷入低谷。但无论如何，莺歌人都凭借他们坚毅的决心和不懈的努力，使莺歌陶瓷成为当地的一张闪亮名片。

四、冻顶乌龙茶

冻顶乌龙茶在台湾茶中最负盛名，被誉为"茶中圣品"，因产自高海拔的冻顶山而得名。冻顶乌龙茶气味清新、茶味浓郁，如今已成为台湾地区的代表性特产。

冻顶乌龙茶也称"冻顶茶"，产于台湾南投县鹿谷乡，是台湾包种茶的一种。包种茶源于福建安溪，就是使用两张方形毛边纸来盛放4两茶叶，然后包成长方形的四方包，并在包外盖上茶行独有的标记，再按包售卖。

冻顶乌龙茶历史悠久，据史料记载："台湾产茶，其来已久，旧志称水沙连（今南投县埔里、日月潭、水里、竹山等地）社茶，色如松罗，能避瘴祛暑。至今五城之茶，尚售市上，而以冻顶为佳，惟所出无多。"

关于冻顶乌龙茶的起源，现有两种说法。一种说法是：南投县鹿谷乡一位名叫林凤池的读书人，于清朝咸丰五年（1855 年）到福建参加考试，并高中举人。他在武夷山游玩时，购买了 36 棵乌龙茶树的幼苗，后来把它们带回台湾，种在了鹿谷乡的冻顶山上。另一种说法是：世居鹿谷乡彰雅村冻顶巷的苏氏，于清朝康熙年间移居台湾，此后世代居住在这里。苏氏后人于乾隆年间在冻顶山上开垦茶园，种植乌龙茶。无论何种说法，可以肯定的是，在清朝年间，台湾已开始种植乌龙茶了。

冻顶乌龙茶颗粒紧实，呈半球状，色泽墨绿。加水冲泡后，茶叶在水中缓缓展开，叶片中间呈淡绿色，叶底边缘则呈红色，被称为"绿叶镶红边"。冻顶乌龙茶的汤色橙黄，散发着淡淡的桂花香气和焦糖香，沁人心脾，滋味醇厚，回味悠长。

冻顶乌龙茶之所以品质优良，是因为种植茶树的冻顶山有着得天独厚的气候条件和种植条件。冻顶山为凤凰山的支脉，年平均气温 22℃，年降水量可达 2200 毫米，空气湿度较大。这里的海拔有 700 多米，终年云雾缭绕，相传因

气候多雨，在此山上种茶山路极其难走，茶农必须绷紧脚尖（冻脚尖）才能上山，故此山得名"冻顶山"。

冻顶山的土壤为棕色高黏性土壤，还掺杂着风化细软石，因此无论排水还是储水都极具优势。这些天然优势，为培育出优质的冻顶乌龙茶创造了条件。

由于冻顶乌龙茶的产量有限，所以较为珍贵。它以绝佳的品质和独特的味道受到消费者的喜爱，在香港、澳门和东南亚等地区尤为畅销。